GRANDES IDEIAS PARA UMA VIDA FELIZ

Abade Notker Wolf
com Leo G. Liner

GRANDES IDEIAS PARA UMA VIDA FELIZ

Sugestões Inspiradoras para a
Vida Aqui na Terra

Tradução:
ZILDA HUTCHINSON SCHILD SILVA

Editora Pensamento
SÃO PAULO

Título do original: *Aus Heiterem Himmel*.

Copyright © 2008 Rowohlt Verlag GmbH, Reinbeck bei Hamburg.

Todos os direitos reservados. Nenhuma parte desta obra pode ser reproduzida ou usada de qualquer forma ou por qualquer meio, eletrônico ou mecânico, inclusive fotocópias, gravações ou sistema de armazenamento em banco de dados, sem permissão por escrito, exceto nos casos de trechos curtos citados em resenhas críticas ou artigos de revistas.

A Editora Pensamento-Cultrix Ltda. não se responsabiliza por eventuais mudanças ocorridas nos endereços convencionais ou eletrônicos citados neste livro.

Coordenação editorial: Denise de C. Rocha Delela e Roseli de S. Ferraz
Preparação de originais: Maria Suzete Casellato
Revisão: Nilza Agua

Dados Internacionais de Catalogação na Publicação (CIP)
(Câmara Brasileira do Livro, SP, Brasil)

Wolf, Abade Notker
   Grandes ideias para uma vida feliz : sugestões inspiradoras para a vida aqui na Terra / Abade Notker Wolf, com Leo G. Liner ; tradução Zilda Hutchinson Schild Silva. -- São Paulo : Pensamento, 2011.

   Título original: Ergebnis der Suche nach : aus heiterem himmel.
   ISBN 978-85-315-1700-6

   1. Alegria - Aspectos religiosos 2. Felicidade - Aspectos religiosos 3. Teologia cristã 4. Vida cristã I. Liner, Leo G. II. Título.

11-01099   CDD-248.4

Índices para catálogo sistemático:
1. Alegria : Vida cristã   248.4
2. Felicidade : Vida cristã   248.4

O primeiro número à esquerda indica a edição, ou reedição, desta obra. A primeira dezena à direita indica o ano em que esta edição, ou reedição, foi publicada.

Edição   Ano
1-2-3-4-5-6-7-8-9-10-11   11-12-13-14-15-16-17

Direitos de tradução para o Brasil
adquiridos com exclusividade pela
EDITORA PENSAMENTO-CULTRIX LTDA.
Rua Dr. Mário Vicente, 368 — 04270-000 — São Paulo, SP
Fone: 2066-9000 — Fax: 2066-9008
E-mail: pensamento@cultrix.com.br
http://www.pensamento-cultrix.com.br
que se reserva a propriedade literária desta tradução.
Foi feito o depósito legal.

SUMÁRIO

Prefácio 19
Ideia inesperada 13
Papa Bento XVI – mensageiro da verdade e do amor 15
Podemos ter orgulho de nós mesmos? 17
Muitas vezes ainda dá para salvar alguma coisa 19
A cruz que você carrega quando seu nome é Madonna 21
Exultar em dias sombrios 23
Crianças precisam de confiança para dominar a vida 25
Momentos de felicidade – motivo suficiente para
  acreditar em Deus 27
O que é mais importante? O celular ou o ser humano? 29
Perguntas incômodas para cristãos e maometanos 31
Se falássemos outra vez uns com os outros... 33
A fé – tudo ilusão? 35
É preciso coragem para amar o próximo 37
Quem confia, pode rir de si mesmo e dos outros 39
Podemos renunciar a uma comunidade espiritual? 41
Tolerância – ver no outro a imagem de Deus 43
O posicionamento exterior é uma questão do posicionamento
  interior 45
Manter a calma mesmo quando tudo dá errado 47
Doar para abrir o céu 49
Uma bela alma não precisa de cirurgias estéticas 51
A criança na manjedoura e uma vida com novas regras 53
O Natal ou a felicidade de compartilhar alegria 55

Pôr as coisas em pratos limpos para o Ano Novo 57
Jogos violentos fazem mal às crianças 59
Quando o ser humano está vazio, ao menos o dia
    tem de estar cheio 61
Muitas vezes o silêncio consola mais do que todas
    as palavras 63
Uma vida dissoluta e selvagem – não é problema
    para Deus 65
Podemos chamar o diabo de consciência? 67
Mais coragem para a verdadeira vida 69
Sobre homens que não querem stress 71
Deus – não há nada melhor contra o medo 73
Um sinal de grandeza humana: a misericórdia 75
Esperança para além da morte 77
Afinal, não precisamos de Dieter Bohlen 79
Quando é difícil amar alguém 81
Como posso ser perseguido pela sorte? 83
Amor ao próximo, um remédio contra a depressão 85
Um mundo sem sofrimento e dor não é habitável 87
Existiu alguém que morreu por amor à paz 89
Comer não significa abarrotar o estômago 91
A conversa franca é o melhor caminho 93
Os filhos precisam antes de tudo de uma mãe e de
    um pai 95
Estamos destinados a uma felicidade celestial 97
O espírito de Deus – um espírito democrático 99
Por que desejar ser melhor que os outros? 101
A melhor dieta é a alegria de viver 103
Podemos resistir à tentação do *doping*? 105
As crianças têm de seguir seus próprios caminhos 107

Os últimos tabus – quando uma vida humana só
    vale um bilhete de entrada   109
Será Deus algo para pessoas fracas?   111
Desarmar com o próprio exemplo   113
Quando as crianças são "desligadas" diante da televisão   115
Ver os semelhantes com outros olhos   117
O Cristianismo sempre apresenta uma nova surpresa   119
A "Casa de Bento" no Afeganistão   121
Toda igreja oculta um segredo   123
Buda ou Jesus – quem é mais convincente?   125
Uma única palavra de perdão   127
Música dos fones de ouvido ou talvez seja melhor cantar
    no coral?   129
Todos precisam de uma família   131
Por que os elogios das crianças nos deixam tão felizes?   133
Ser insensato e louco – bem a gosto do coração de Jesus   135
As dores de Maria – um motivo para festejar   137
Podemos aprender com a devoção dos maometanos   139
Receita de felicidade das pessoas no terceiro mundo   141
Os milagres têm de ser percebidos   143
Golpes do destino – Deus, onde tu estavas?   145
Loucura da juventude – quando os idosos não têm mais
    nada a dizer   147
Na metade da vida tendemos a melhorar   149
Respeito pelas crianças   151
Não ir bem na escola não é tão ruim, afinal   153
Por que algumas pessoas têm de ser tão difíceis?   155
Igualdade de oportunidades – só com regras severas   157
Esquecer o passado com uma risada   159
A visão cristã de uma grande família humana   161

A fé não é um produto como um aspirador de pó   163
Cada um pode viver uma revolução de Copérnico
   em sua vida   165
Tempo do advento – brilho de luzes para um outro
   sentido de vida   167
Sem Natal – uma paz celestial?   169
Perturbações e ideias espontâneas da vida   171
Bênção no saguão de um hotel   173

PREFÁCIO

Talvez você se lembre de ter ouvido uma ou outra das boas sugestões apresentadas aqui. Para isso existe uma explicação simples. Todas elas já foram publicadas na coluna semanal de uma grande revista feminina. Este livro é uma coletânea delas, e das ideias espalhadas surgiu uma espécie de profissão de fé, minha profissão de fé pessoal. Em poucas palavras, é a seguinte: a fé cristã é uma força que se renova sempre na vida cotidiana. Essa é a minha experiência, essa é a minha convicção, esse é o volume unificador das colaborações reunidas aqui.

Mas elas preservaram a sua natureza jornalística. Você perceberá isso ao notar que os textos seguem a cronologia do ano e estão de acordo com as festas cristãs da Igreja, uma vez que refletem os grandes acontecimentos da história sagrada. Mas você perceberá também que as contribuições mantiveram a forma restrita de uma coluna de revista. Por coluna entendem-se comentários curtos, publicados regularmente, e que se relacionam com uma observação, uma ideia ou uma sugestão. Isto é, as colunas nunca têm a pretensão de esgotar um assunto, mas sim, estimular as pessoas a pensarem. Por isso estará de acordo com o meu objetivo, se você formular novas perguntas ou até mesmo apresentar contradições.

Jesus, no entanto, advertiu contra fazer exigências exageradas às outras pessoas, contra esperar delas maior grandeza interior do que a que nós mesmos possuímos. Portanto, considero como uma postura cristã primordial enfrentar, sempre que possível com um sorriso, o nosso mundo limitado com os seus problemas humanos. Na época de Jesus não havia excitação e indignação moral, e eu espero que não as encontremos ao nosso lado. O que essa postura nos possibilita, no entanto, é a certeza de que existe uma outra visão das nossas necessidades e características, exatamente a visão de um outro mundo, e também essa perspectiva que não quero ocultar. Pois, em última análise, sempre se trata de romper nossos limites a partir de dentro e deixá-los romper a partir de fora, pela força do amor, que nos reconcilia com nós mesmos, com nossos semelhantes e com Deus.

Eu lhe desejo muita alegria com essas ideias inesperadas. Que Deus o abençoe.

GRANDES IDEIAS PARA UMA VIDA FELIZ

IDEIA INESPERADA

Tenho alguns dados sobre ideias inesperadas no meu arquivo eletrônico. O arquivo está salvo como "ideias" e está ficando cada vez mais extenso. Ali entram observações ocasionais e ideias súbitas, tudo o que não tem nada a ver com o que me ocupa normalmente como prior dos beneditinos – nada a ver com a sessão da diretoria em Nova York, nada a ver com a semana de retiro em um mosteiro espanhol e nada a ver com a visita a uma abadia na Itália, cuja abadessa me pediu um conselho. Essas ideias repentinas sempre acontecem nas interrupções durante o dia, as previstas e as imprevistas. Por assim dizer, nos períodos ociosos, portanto, naqueles em que muitas vezes não sabemos o que fazer.

Por exemplo, para mim, os aeroportos são lugares maravilhosos de inspiração. Estamos na sessão de entrega de bagagens – e a nossa mala é mais uma vez uma das últimas. Ficamos sentados muito tempo no saguão do aeroporto – mas a chamada para embarcar se faz esperar. Ou a partida é adiada porque o piloto italiano quer assistir ao final do jogo de futebol com toda a calma. Nesses minutos ou horas eu observo as pessoas. O jovem americano, que está bastante carrancudo e depois acaba se revelando como uma pessoa incrivelmente amável. Ou o homem de negócios calvo, que se move por entre as pessoas. Ou os jovens pais emocionados que cuidam do filho que grita (você também já foi criança, digo a mim mesmo, antes de ficar impaciente). E sempre surgem pequenas iluminações, observações à margem, material para o meu arquivo "ideias".

Também nas viagens de trem o céu se abre alegre quando a paisagem passa. Ou durante um voo, quando analiso as formações de nuvens ou deixo meu olhar passear pelas amplidões brancas lá embaixo; e procuro imaginar as pessoas com as quais vou me avistar em breve. As orações durante uma hora, para as quais nós, os monges, nos reunimos na igreja quatro vezes ao dia para cantar os salmos, são muito frutíferas. Essas orações representam as interrupções previstas, planejadas; esses são os períodos que nos pertencem totalmente, porque pertencem totalmente a Deus. Enquanto canto, meus pensamentos se dissolvem no meio das palavras conhecidas dos salmos, e, de repente, lembro outra vez o que afinal já sei há longo tempo – por exemplo, que Deus sempre está ao lado dos desamparados e perseguidos. E então subitamente entendo: que Deus fala sempre pela boca dos salmistas e profetas; Ele defende os desafortunados e os pobres, os sem poder e os perdedores. Quantas vezes Ele exorta o juiz a julgar corretamente, e quantas vezes adverte os poderosos contra a corrupção e o abuso do poder! No Salmo 113, lemos "Quem é como o Senhor Deus nosso? Que do pó da terra levanta o pobre e retira o indigente do meio do lixo?". Não, o nosso Deus não é um aliado dos ricos e belos. O nosso Deus fica ao lado daqueles que precisam de um aliado forte na vida. Essa também é uma razão para eu amar Deus.

PAPA BENTO XVI – MENSAGEIRO DA VERDADE E DO AMOR

O Papa Bento XVI havia rezado a missa na Igreja de Santa Sabina. O coral da nossa escola, a escola da abadia de Santo Anselmo, onde eu vivo e trabalho, havia cantado durante essa missa. Quando o Papa deixou o altar, ao final da celebração, ele olhou para mim, acenou o sorriu. Provavelmente de alegria, porque nosso coral cantou com muita solenidade.

Esse sorriso de gratidão ficou na minha memória. Quem conheceu Bento XVI no passado tem dele uma lembrança diferente. Naquela ocasião ele era o perspicaz e às vezes ferino Cardeal Ratzinger, o inflexível defensor da doutrina pura da igreja. E agora vemos a mesma pessoa como um Papa paternal e amável, que busca e encontra as outras pessoas com um sorriso. Que mudança!

E essa mudança chamou a atenção de muitas pessoas. Elas o amam por isso. Quem imaginaria que Bento XVI seria tão procurado? Nas grandes audiências do Papa hoje se amontoam na Praça São Pedro muito mais pessoas do que antes, entre elas, muitos jovens. E, contudo, ele nem aprecia essa cordialidade espontânea com a qual seu antecessor, João Paulo II, sempre queria abraçar todo mundo. Mas então o que fascina nesse homem que parece pequeno e tímido? Ou tudo não passa de uma histeria de massa, como muitos dizem criticamente?

Que nada! Bento XVI não é um astro da mídia, ele não empolga as pessoas, ele não as enlouquece. Mas ele nos convence, porque personifica ideais mais confiáveis do que quaisquer outros que buscamos em vão na política e na sociedade, no esporte e no negócio de espetáculos. O primeiro desses ideais é a verdade. Bento escolheu para si mesmo o cognome de "colaborador da verdade" e, de fato, ele chama as coisas pelo nome, ele fala com muita clareza e sem dar margem a mal-entendidos sobre a violação aos direitos humanos na China ou no Islã, como fala sobre a perda rápida de nossa consciência de fé na Europa. O segundo ideal é o amor. Hoje o Papa sabe que a verdade sem amor torna a pessoa dura. Por isso, em sua última encíclica ele anuncia um Deus que não é um contador dos nossos pecados ou um Deus que pune, mas um Deus que sacia nossa ansiedade por proteção, perdão e humanidade.

Na minha opinião, é isso o que gera o grande carisma de Bento XVI. Ele dá orientação em uma época desorientada, porque a sua mensagem não vem de nosso mundo de guerra e atentados de suicídio, da corrupção e da concorrência impiedosa, mas de um Deus que quer reunir as pessoas em uma grande família humana. Por isso nenhuma pessoa histérica ou idosa quis ver o Papa pessoalmente em sua visita à Alemanha. O amor à sabedoria, à honestidade e o amor ao próximo são ideais que não envelhecem. A satisfação dos jovens com esse Papa é a mais bonita prova isso.

PODEMOS TER ORGULHO DE NÓS MESMOS?

Uma coisa assim só pode acontecer na Alemanha. Algo como a história que um conhecido alemão me contou recentemente. Durante o campeonato mundial de futebol, depois de ficar muito tempo no estrangeiro, o amigo dele aterrissou em um aeroporto alemão – e ficou horrorizado; em todos os táxis havia bandeirinhas da Alemanha! Por toda a parte preto, vermelho e dourado. Surpreendente! Embarcar em um desses táxis embandeirados estava totalmente fora de questão para seu amigo. Para ele, um homem da geração de 68, a bandeira da nação alemã e a nação alemã representavam o mal. Ele também não levou em conta que essa nação se revelou uma maravilhosa anfitriã e festejava descontraída a grande festa do futebol com pessoas de muitas outras nações. Não, à visão dessas bandeirinhas ele percebeu o orgulho nacional – e orgulhosos, os alemães nunca mais deveriam ser! Pelo menos, não de sua nação! O amigo do meu conhecido esperou enraivecido, até finalmente chegar um táxi sem bandeirinha!

O que há de errado no orgulho? Orgulho, sempre ouço na Alemanha, só se pode ter do próprio desempenho. Isso me surpreende. O que aconteceu naquela ocasião em que eu estava sentado junto com amigos italianos em Roma e cada um deles xingava o governo do seu país? Em dado momento, xinguei também – e percebi um silêncio constrangedor. Como estrangeiro, eu não poderia tocar na mesma tecla que eles. Isso feriu seu orgulho. Nesse ponto todos eles concordaram.

E eles estavam com razão. Pois orgulho não é altivez. Orgulho é autoestima. Quando temos orgulho do que somos como italianos, alemães ou suecos, isso significa apenas que honramos nossa cultura, a língua e o estilo de vida de nosso povo. Que aceitamos nossa própria tarefa. Então o orgulho nos impede de lidar levianamente com isso e de desvalorizar o que é nosso. Orgulho nacional, portanto, é o sentimento de que cada povo tem muito o que perder. Pois tudo isso só existe uma vez neste mundo – a língua, a tradição, e a arte de viver de uma nação.

Para nós, a atmosfera especialmente descontraída, alegre do último campeonato mundial de futebol também faz parte disso. Portanto, deixemos nossas bandeirinhas tremular tranquilamente em uma ocasião como esta. Meus amigos italianos compreenderiam isso muito bem. E, como cristão, eu me alegro com o fato de nós, alemães, termos valorizado o que Moisés havia pedido há muito tempo ao seu povo em nome de Deus: de acordo com Levítico 19, todo estrangeiro deve morar contigo como um nativo, "e tu deves amá-lo como a ti mesmo".

MUITAS VEZES AINDA DÁ PARA SALVAR ALGUMA COISA

Afinal, ainda sabemos como brigar? Como amantes, digo. Como pessoas que afinal não podem imaginar nada mais belo do que ficar juntas. Quando observo quantos casais se separam mais cedo ou mais tarde, penso: provavelmente desaprendemos como brigar juntos.

Vocês devem estar pensando que, como monge, eu não devo saber do que estou falando. Ah, mas eu sei, sim. Ainda mais depois do encontro com aquele casal romano que estacionou certa noite em frente da grande porta de Santo Anselmo. "Já vamos seguir viagem", disse o jovem. Eles estavam tremendamente apaixonados, isso eu pude ver. Conversamos: "Afinal, podemos casar aqui?", perguntou subitamente sua amada. "Podem", eu disse. "Mas não a esta hora." E lhes dei o nosso número de telefone.

De fato eles se apresentaram para o casamento. No entanto, eu não ouvi mais falar deles durante meio ano. E, de repente, eles apareceram outra vez diante de mim – irremediavelmente brigados. Ficamos juntos durante quatro horas. Aqui não há mais nada a salvar, pensei. Muitas diferenças. Ele era um grosseirão, teve de se fazer sozinho na vida, havia tido sucesso e agora queria gozar sua sorte. E ela era o exato oposto: no caso dela, tudo girava em torno da família. Tudo o que ela fazia, precisava antes ser conversado no círculo familiar. Enfim, autenticamente romano. Mas ele achava essa hipocrisia intolerável.

Minha razão me disse: você tem de aconselhá-los a se separar. Contudo, eu gostaria tanto de ajudá-los! Não porque os havia guardado no coração, mas também porque considero o amor a coisa mais importante da vida, a grande dádiva do Espírito Santo aos homens. "O amor é magnânimo. Ele suporta tudo, acredita em tudo, espera tudo, se mantém firme" – assim diz o apóstolo Paulo, e assim eu penso também. E por isso fiz mais uma tentativa. Levei a jovem mulher para um lado e disse: "Se o ama realmente, você tem de se decidir por ele agora, com todas as consequências. E ninguém pode lhe tirar essa decisão, nem mesmo a sua família". Ela acenou que sim. Mas eu não tinha muita esperança, quando eles foram embora.

Cinco meses depois eu os casei na igreja de Santo Anselmo. Depois da nossa conversa eles frequentaram o curso para noivos da igreja e ficaram como que transformados por ele – ela mais enérgica, ele mais amoroso do que antes. Na sua festa de casamento, na praia de Ostia, fiquei quase tão feliz quanto eles. Eles haviam brigado juntos. Eles haviam compreendido que o amor é proximidade, e proximidade significa atritos. Esse atrito pode ser doloroso. Mas ele também gera calor. Um calor que podemos usufruir por toda a vida. Desde então eu vejo os dois ao menos duas vezes por ano em Santo Anselmo – na Missa do Galo e na Páscoa.

Tente também brigar junto. Vale a pena.

A CRUZ QUE VOCÊ CARREGA QUANDO SEU NOME É MADONNA

Você já deve ter ouvido falar. A cantora pop americana Madonna apareceu em um de seus últimos espetáculos com uma coroa de espinhos, como Jesus diante dos soldados romanos que o receberam com ironias. E ela também se deixou crucificar. Isso não é blasfêmia contra Deus? Isso não é um novo deboche a Cristo – assim, por diversão, para entretenimento de um público, desempenhar o papel do filho de Deus sofredor? Não deveríamos ficar indignados?

Preciso confessar: não estou indignado. Estou disposto a levar Madonna a sério. Ela foi criada por freiras em um internato católico, disse ela, e achou essa educação opressiva. Uma experiência traumática. Daí também o seu nome artístico "Madonna" com o qual certamente deseja expressar que se reconhece na mãe sofredora Maria. E por isso também o seu espetáculo. Madonna o entende como uma queixa contra uma Igreja que crucificou a feminilidade. E ao mesmo tempo, provavelmente, a tentativa de se libertar do seu trauma.

Eu acredito que Madonna leva os símbolos cristãos da cruz e da coroa de espinhos a sério. Mas também tenho a impressão de que ela entende esses símbolos apenas parcialmente. Pois a cruz e a coroa de espinhos são símbolos paradoxais – eles têm dois significados diferentes, opostos. Eles não representam somente o sofrimento do filho inocente de Deus, eles também representam a vitória sobre a morte, o perdão e a salvação pelo amor de Deus. Eles representam a certeza de que a morte não tem a última palavra. Nem a morte, e tampouco o internato das freiras. Por isso desejo principalmente que Madonna também entenda o segundo significado da cruz e da coroa de espinhos.

De resto, a apresentação de Madonna em Roma aconteceu exatamente no período em que a Igreja festejava a ascensão física de Maria ao céu. E essa Maria era uma mulher forte e consciente de si mesma – ela dera à luz um filho, cujo pai, segundo a convicção cristã, não era seu marido; e foi partidária desse filho quando ele foi julgado. Isso também pertence à crença da Igreja: essa mulher foi o primeiro ser humano a participar da glória total de Jesus Cristo. Para quem se chama Madonna, a glorificação da Madona deveria ser um motivo de alegria e satisfação, você não acha?

EXULTAR EM DIAS SOMBRIOS

É verdade ou não é? Pelo menos desde agosto observamos com desagrado como as sombras [no hemisfério Norte] começam a se alongar outra vez. Os belos e ensolarados dias do outono já se vão – mas agora a época sombria do ano se aproxima, e isso pode afetar bastante o ânimo das pessoas. Talvez você também seja uma dessas pessoas para as quais os dias escuros e a escuridão precoce dão o que pensar, pois somos visitados por uma melancolia inexplicável. Conheço um meio maravilhoso contra isso: cantar. Cantar junto com muitas outras pessoas. Melhor ainda: cantar no coro de uma igreja.

Por que no coro de uma igreja? Porque a música sacra permite que nos queixemos e rejubilemos de todo o coração. O mais profundo sofrimento e a maior alegria nós encontramos nos cantos com os quais nos voltamos para Deus. Porque, quando nos voltamos para Deus, tudo se torna grandioso. Aí não se fica na crítica mesquinha cotidiana ou na respiração entrecortada, ali nos queixamos do fundo da alma e pedimos, elogiamos e nos rejubilamos: ao cantar percebemos subitamente que algo se abre em nós, de modo que a nossa alma se estende e pode florescer. E isso liberta.

Para os poetas salmistas a grandeza e a bondade de Deus já eram um motivo para júbilo. Certamente, a Bíblia também conhece necessidade e desespero, mas nunca encontramos ali uma disposição pessimista básica de Deus. Os salmistas sempre ficavam encantados com a beleza do mundo e a maravilha da vida e nada mais podiam fazer a não ser louvar a Deus. Senão, para quem eles se voltariam para extravasar sua alegria e gratidão? Um júbilo contagioso percorre por isso os salmos: "Aclamai ao Senhor, ó terra inteira!" Assim começa o Salmo 100 e o poeta do Salmo 96 até mesmo estimula toda a Criação a cantar junto: "Alegrem-se os céus, exulte a terra, pois o Senhor Deus reina pelo lenho da Cruz".

Louvar a Deus dá alegria infinita – essa experiência eu mesmo já fiz há muitos anos. Naquela ocasião eu era um jovem professor de filosofia em São Anselmo e, além disso, regia nosso coral. De vez em quando dávamos concertos em locais magníficos como a igreja gótica de Fossanova – momentos inesquecíveis. E quanto mais observo esses maravilhosos cantos de Deus, tanto mais clara se torna sua grandeza para mim, sua magnificência e seu amor. Quando então me tornei o prior do mosteiro da minha pátria, Santa Otília, precisei de um lema, como todos os abades. Então me decidi por "Jubilate Deo" – "Louvai a Deus" – pois o júbilo com a bondade de Deus tornou-se o conteúdo da minha vida, e a alegria com a sua direção eu carrego até hoje ao rezar e cantar na minha comunidade monástica. Por isso aí vai o meu conselho: cante! De preferência em um coral de igreja. Pois não existe nada melhor contra os dias sombrios e as épocas ruins.

CRIANÇAS PRECISAM DE CONFIANÇA PARA DOMINAR A VIDA

As mães existem para realizar todos os desejos dos seus filhos? A mulher com quem falei recentemente parece acreditar nisso. "Meu filho de três anos é tão doce", ela disse, "que não posso lhe recusar nada. Fico contente que sua educadora no jardim de infância saiba dizer 'não'." Ela não consegue, portanto, educar seu filho, pensei. Ela quer representar a fada boa para seu filho. As fadas nunca precisam dizer não. As fadas existem unicamente para cumprir desejos.

Mas isso não será um pouco demais? Colocar nossos filhos no pequeno jardim do paraíso, no qual sempre recebem tudo o que querem? No qual, nós, como pais, em hipótese alguma os perturbamos com o que consideramos bom e correto ou incorreto e mau? Será que o medo de ser uma mãe incômoda, realmente é o melhor conselheiro? Sim, está certo. Nunca foi tão difícil manter um ponto de vista firme sobre a educação dos filhos. Os modos de educar as crianças hoje mudam a cada dois anos, e então muitos pais, por insegurança, renunciam totalmente a toda forma de educação. Eles não querem ser os professores dos seus filhos. Eles se consolam com o fato de que basta representar para eles o papel de fada boa.

Eu acho que isso não basta. Pois os filhos não se tornam por si mesmos pessoas conscientes e esforçadas na vida. Eles precisam de pais que lhes inspirem segurança e lhes deem apoio, para que mais tarde não sejam levados por qualquer vento. Eles precisam de um sim e de um não claros. E, antes de tudo, eles precisam de um motivo sólido para confiar, para dominar a vida – aconteça o que acontecer.

Para o povo de Israel esse motivo firme foi a experiência que ele fez com seu Deus. Por isso está no Levítico: Quando teu filho te perguntar de manhã o que Deus quer dos homens, não o encha logo de prescrições morais. Conta-lhe primeiro como Deus libertou o seu povo da prisão no Egito. Só lhe responda com grandes histórias de libertação, conte-lhe desse Deus, que não abandona as pessoas aos seus tristes destinos.

Uma resposta maravilhosa. Pois ela diz respeito à educação, e dá um motivo firme para nossa coragem de viver. E esse motivo só os pais podem dar aos filhos. Por isso os filhos têm o direito de saber de onde vem sua esperança, de onde tiramos nossa coragem de viver. E por isso os filhos precisam de mães e pais que não queiram somente ser como uma boa fada para eles. Mas que também lhes deem palavras e convicções que os transformem em pessoas fortes e resistentes.

MOMENTOS DE FELICIDADE – MOTIVO SUFICIENTE PARA ACREDITAR EM DEUS

Alguém já lhe disse: "Ora, por favor, não vá me dizer que você acredita seriamente em Deus. Pois ele não existe!", ou você mesmo já disse isso alguma vez?

O certo nisso é que Deus não pode ser provado cientificamente, sob a lente de um microscópio e tampouco pelas viagens espaciais. Mas... será que precisamos provar Deus? Deus não se prova sozinho naqueles momentos de felicidade que vivemos? Afinal, podemos entender a maior parte do que nos deixa felizes como presente de Deus. Por certo, muito do nosso sucesso devemos ao nosso próprio esforço. Muitas alegrias creditamos a outras pessoas. Mas, se formos honestos, temos de confessar: em última análise temos pouca influência sobre a nossa vida. O homem que você ama... ele não é um presente? Os filhos que você tem... eles não são um presente? E a sua própria vida... não é igualmente um presente?

E por isso tenho mais um motivo para acreditar em Deus. Eu não saberia a quem dirigir minha gratidão. Devo simplesmente engoli-la? Isso não quero e não posso fazer. Devo agradecer ao acaso? O acaso é cego e surdo. Devo anotar tudo na minha bandeira? Isso seria enganar a mim mesmo. Por isso estou contente de poder dirigir-me a alguém com minha gratidão – ao Deus que nos presenteia com a felicidade de um radiante dia de primavera ou com a felicidade de uma amizade, de um amor. Se não acreditasse Nele, eu realmente não saberia para onde dirigir minha gratidão. E só por isso eu nunca me pergunto se podemos provar que Deus existe. O fato de Deus ser o único endereço para minha gratidão é prova suficiente para mim.

Quanto mais nós aprendemos a extravasar nossa gratidão, tanto mais íntima fica nossa relação com Deus. O povo de Israel sabia disso – e fazia regularmente sacrifícios de agradecimento. Os israelitas imaginavam que o aroma dos sacrifícios sobre os altares subiria como um cheiro agradável ao nariz de Deus. Hoje isso nos parece estranho. Mas no fundo tratava-se de compartilhar com Deus, por gratidão. Um pensamento maravilhoso. Pois assim aprendemos a ser generosos e altruístas e também a repartir com as outras pessoas. A gratidão não só nos aproxima mais de Deus, ela também nos aproxima mais das pessoas com quem nos encontramos. E por isso a festa da colheita que celebramos nesses dias não é nenhum evento empoeirado só porque hoje temos outras exigências além de ficarmos satisfeitos todos os dias. Ela nos lembra continuamente como a gratidão nos torna felizes. É isso o que devemos festejar.

O QUE É MAIS IMPORTANTE?
O CELULAR OU O SER HUMANO?

Você também se sente assim? Algumas vezes eu poderia amaldiçoar o celular. Viajei para um encontro de monges beneditinos asiáticos, nas Filipinas. Fui recebido no aeroporto de Manila por duas jovens freiras e fui almoçar com elas – e assim que nos sentamos o celular de uma delas tocou, logo depois o da outra, e de repente virei ar para elas. Fui apagado. Elas falavam, falavam e falavam, até eu interrompê-las. "Digam-me, um hóspede vivo não deveria ser mais importante do que um celular?", eu lhes perguntei. "Vocês podem imaginar como é irritante ser ignorado e ficar sentado aqui feito bobo?" O que mais posso dizer? Elas nunca haviam pensado nisso. E ficaram realmente assustadas.

Naturalmente a culpa não é do celular. Mas da vendedora na padaria, que alegre fala no seu celular, enquanto me serve. Ou do homem de negócios no aeroporto, que sacode rapidamente a mão do seu amigo que acabou de chegar e continua telefonando, impassível. Não que eu possa renunciar ao celular. Mas tento ser rápido e discreto. Eu não quero me parecer com o fariseu do Evangelho de Mateus, que para rezar precisava de testemunhas e por isso rezava em público, possivelmente em voz alta e por bastante tempo. Recolham-se. Rezem em casa, Jesus ensinou a essas pessoas: Não se deem tanta importância.

Será que falar alto ao celular a todo momento não é um modo de demonstrar importância? Pode ser. Essa poderia ser uma explicação para o vício do celular, que os psicólogos e os pesquisadores do consumismo constatam entre os jovens. O que me perturba nas pessoas com celular que falam nas ruas ou no restaurante com o olhar fixo à frente é principalmente o fato de elas darem a entender aos semelhantes: vocês não contam para nada. Para mim, vocês não existem. Podem tranquilamente ouvir tudo, isso me é totalmente indiferente. Eu sou o ponto central do mundo e vocês são apenas estatísticas.

Acredito que nosso mundo se tornou mais frio, menos amigável por isso. Será que não podemos mudar nada nele? Por fim, as duas freiras em Manila ficaram gratas pela minha sugestão, depois que se recuperaram do susto. Elas não queriam ser indelicadas. Apenas ninguém chamara a atenção delas para isso. Se nós mesmos dermos o exemplo, eu acho que nossos filhos também entenderão.

PERGUNTAS INCÔMODAS PARA CRISTÃOS E MAOMETANOS

Acredito que muitas pessoas devem ter ficado irritadas com a fala do Papa em Regensburg. Pelo menos, eu não ficaria admirado com os comentários ferinos nos nossos jornais ou com as reações aborrecidas de determinados políticos.

Pois, afinal, a crítica do Papa valia principalmente para nós. E o Papa havia sugerido diretamente que a cristandade só deveria ser contemplada como um passatempo particular dos saudosistas e com isso arriscou a nossa moral, na verdade, toda a nossa cultura. E o Papa quis nos lembrar de que razão e religião têm de se completar mutuamente, quando queremos entender as pessoas com suas esperanças, quando queremos tornar o mundo verdadeiramente mais humano.

Essa fala de Bento XVI foi, portanto, uma crítica dura ao desenvolvimento do Ocidente, mas não vi ninguém agitar-se entre nós. Em vez disso, houve um grito angustiante de irritação no mundo islâmico. Com razão? Seja como for, o Papa, em sua fala, também falou sobre o lado violento do Islã. Acaso ele ofendeu Maomé? E, com isso, todos os maometanos também?

Eu acho que nenhum lado ouviu direito. Nós, no Ocidente, não ouvimos, porque já nem tomamos mais conhecimento de perguntas incômodas. E os representantes irritados dos países islâmicos não ouviram, porque não querem ouvir as perguntas incômodas. Não teria sido melhor refletir um pouco sobre a fala do Papa? Então no mundo islâmico talvez se lembrassem de que nós, cristãos, não escondermos a nossa própria história de violência. E que João Paulo II, em 2000, rezou pelo perdão de todas as más ações que os cristãos haviam cometido em nome da sua religião. É ofensivo esperar dos representantes do Islã uma confissão semelhante?

Não quero ser mal compreendido. Tenho grande respeito por nossos concidadãos maometanos. Quando estava a caminho da missa das cinco da manhã no meu tempo de estudo em Munique, eu muitas vezes encontrava turcos que limpavam as ruas ou cuidavam da coleta do lixo. Muitas vezes eu descia da bicicleta para uma conversa com eles e para expressar minha gratidão. Seria horrível se essas pessoas caíssem em descrédito por causa do descontrole dos representantes. Mas a pergunta do Papa aos maometanos deve ser permitida: Como suportam a violência? Da mesma maneira que nós precisamos aceitar sua pergunta. O que nos levou a negligenciar nossa própria crença? Deus o abençoa, seja você maometano ou cristão.

SE FALÁSSEMOS OUTRA VEZ
UNS COM OS OUTROS...

Você também já ouviu? Estou falando do silêncio. O silêncio ao nosso redor. É fácil deixar de ouvir, concordo, pois o nosso mundo não ficou mais silencioso – disso cuidam os alto-falantes em cada aposento, em cada hospedaria, em cada supermercado. Mas nós mesmos parecemos perder a voz aos poucos. Sempre leio nas pesquisas que, na Alemanha, exatamente 20 milhões de pessoas durante as vinte e quatro horas do dia não trocam nem uma palavra com as outras pessoas. E outra estatística comprova que os cônjuges mal têm tempo para manter uma conversa por mais tempo do que o que se leva cozinhando um ovo: em média se falam doze minutos por dia.

Considero isso assustador. Pois pessoas que falam muito pouco umas com as outras podem viver ao lado delas, mas estão separadas. E com isso tornam-se rígidas interiormente. Eu conheço esse problema do nosso mosteiro. Também ali muitas vezes ficamos demasiado em silêncio. Isso ameaça toda a comunidade. Pois quando um só fica em silêncio diante do outro, estagnam-se as ideias e surgem as suspeitas e, em algum momento, toda a atmosfera fica envenenada. Quando consigo despertar outra vez a disposição para as conversas, muitas vezes o maior problema do mosteiro é resolvido.

Além disso, como cristãos não precisamos buscar por muito tempo, até encontrar um exemplo para uma genuína disposição ao diálogo. Basta abrir o Novo Testamento e ler como Jesus conversava descontraído com as pessoas. Como lhe era fácil entabular conversa também com desconhecidos. Não era necessário "rolar uma química", como se diz hoje. Jesus não conhecia preconceito nem restrição, ele se entretinha com toda a seriedade com crianças e falava em tom amável com os representantes não estimados do poder constituído. E, da sua parte, as pessoas buscavam conversar com ele, o que comprova que Jesus também era um bom ouvinte.

Pois isso é o que mais me decepciona em toda conversa: é o querer e o poder ouvir. Isso não é possível aprender diante do computador ou na frente da televisão. Ouvir significa ser solidário, participar, sentir junto. Portanto, quando alguém me procura com um problema, muitas vezes quase não preciso dizer coisa alguma. Eu apenas lhe dou a sensação de que está sendo levado a sério e o tempo para ele se recuperar interiormente. Só isso já faz bem: não é raro que meu parceiro de diálogo encontre a solução durante a nossa conversa. E se não chegarmos a uma solução, sempre vale a antiga sabedoria: o sofrimento partilhado é meio sofrimento, alegria compartilhada é dupla alegria. Por isso, uma conversa franca nunca é tempo perdido. Trata-se de tempo presenteado.

A FÉ – TUDO ILUSÃO?

Como você sabe, vivo em Roma há anos. Mas os italianos sempre conseguem me surpreender. Recentemente, ao sair de uma *trattoria*, o dono me perguntou o que eu achava do Papa alemão. Começamos a conversar, e o homem havia refletido sobre o Papa e falou corajosamente o que sentia: que Bento XVI amava as pessoas. E para ele isso era o mais importante em um Papa. E por isso ele o estimava muito – assim como muitos outros romanos também, que certamente nunca leem uma encíclica papal, mas que entusiasmados entre si discutem em uma *pizzaria* as exigências do Papa.

Sempre me chama a atenção como os italianos falam descontraídos sobre a religião e a Igreja. Por certo não são santos. Sua devoção não pode ser lida pela sua visita à igreja, e em questões de fé muitas vezes pensam de maneira muito mais liberal do que o Papa gostaria. Mas em seu coração a maioria são pessoas de fé profunda. Eles esperam por um Deus compassivo, no qual possam confiar naturalmente nos pontos de transição de suas vidas, no batismo, no casamento e no enterro. E a relação com os seus párocos é, via de regra, calorosa.

No meu país sempre fico com a impressão de que assim que a conversa se volta para a fé cristã e a Igreja logo germinam o ceticismo e a desconfiança. O Papa? Não atende às expectativas. Ou ultrapassa os piores temores. A fé?

Tudo ilusão. A Igreja? Uma prisão para almas, que existe somente para amargurar a alegria de viver das pessoas. Ali impera uma real vontade de provar erros e de apontar omissões e de desmascarar a devoção como engano pessoal. Com isso, é esquecida a mensagem cristã, o decisivo. A mensagem alegre de Deus, que se dedicou definitivamente aos homens e que quer libertá-los com o seu amor.

Talvez por isso os italianos sejam mais felizes com sua crença, porque apreciam e têm tempo para o lado bonito da vida. Eles querem festejar, gozar o sol e a boa comida também; e, ao mesmo tempo, confirmam os valores humanos da fé e se sentem em casa junto de Deus. Às vezes eu desejo que nós, alemães, possamos levar alguma coisa dessa colocação natural cristã para casa ao voltarmos de nossas viagens para a Itália.

É PRECISO CORAGEM PARA AMAR O PRÓXIMO

Nestes dias festejamos um santo que todas as crianças realmente conhecem: São Martinho. O santo que repartiu seu manto com um mendigo. Certo. E daí? Quem era de fato essa pessoa? Vale a pena saber mais sobre ela, pois Martinho é um belo exemplo de como a crença em Jesus Cristo pode tornar uma pessoa forte, corajosa e independente.

Quando Martinho, em um dia extremamente frio de inverno do ano 354, encontrou o pedinte, ele não tinha mais do que 18 anos – um soldado do exército romano, que acabara de tomar uma cidade francesa com sua tropa. Agora já fazia três anos que estava no serviço militar e afinal, seguindo o exemplo do seu pai, ele devia chegar a oficial. Mas desde que se tornou cristão, isso não o atraía mais. E agora aquele mendigo tremendo de frio estava sentado na guia da calçada. Os camaradas de Martinho deviam tê-lo visto, mas todos passaram por ele sem prestar atenção. Apenas Martinho não deixou de perceber. Ele puxou as rédeas do cavalo, tirou seu manto quente, espetou-o com a espada, cortou-o em duas partes e entregou uma delas ao mendigo.

Foi isso. Nada mais. Uma pequena história insignificante. E, apesar de tudo, ainda hoje inesquecível. Por quê? Eu acredito que porque essas ações espontâneas de amor ao próximo sempre impressionam. Principalmente quando custam superação. E a Martinho, o orgulhoso soldado romano, deve ter custado um bocado de superação, pois seus camaradas devem ter balançado a cabeça diante do que ele fez. Mas Martinho não teve medo de ser ridicularizado. Como cristão, não se pode fingir-se de indiferente. Com a mesma decisão, dois anos depois ele arremessou a espada aos pés do imperador romano e abandonou o exército. A partir daí, viveu numa caverna nas falésias à beira do Loire, pregando e curando os doentes. Dez anos mais tarde era considerado santo, e era tão amado pelo povo, que os cidadãos da cidade francesa de Tours o escolheram para bispo, contra a vontade das autoridades eclesiásticas.

Na verdade, também contra a sua própria vontade. Ele não dava nenhum valor à influência e à honra. Quando Martinho percebeu o que as pessoas queriam dele, ele se escondeu num abrigo para gansos. No entanto, os gritos dos gansos excitados o traíram – e este é o motivo de comermos gansos até hoje no seu dia. Saboreie com prazer o seu ganso... E deixe-se contagiar pela coragem de São Martinho.

QUEM CONFIA, PODE RIR DE SI MESMO E DOS OUTROS

Podemos aprender o humor? Isso seria bonito. Pois a vida com pessoas mal-humoradas não é fácil. Você com você mesmo também não. Recentemente, tive de lidar com alguém cuja falta de humor "borbulhava". Cada palavra destinada a ser uma brincadeira, ele levava a sério e respondia rispidamente. Ele seria um prato cheio para os pintores de caricaturas da Praça Navona, aqui em Roma, pois a falta de humor estava escrita em seu rosto: cenho franzido, rugas de expressão ao redor da boca e lábios estreitos caídos.

Um abade certa vez me disse que a primeira coisa que olhava nos candidatos ao mosteiro era se tinham humor. Pois a ter fé eles poderiam, na pior das hipóteses, aprender no mosteiro, mas o humor, não. E é verdade. Para a vida em comunidade é extremamente importante não se deixar atingir pelo próprio aborrecimento e pela agitação dos outros. É uma grande ajuda quando podemos aceitar de bom grado o que nos pesa nos ombros. Será que os mal-humorados de fato têm conserto?

O bom humor não é apenas uma dádiva, é também um posicionamento muito determinado diante da vida. Sempre que surge um problema, as pessoas bem-humoradas se distanciam dele. Elas dão dois passos, três passos para trás – e o que parecia extremamente assustador, já parece ser menor e inofensivo. Você sabe que tudo passa, o assustador como o belo, e por isso pode rir de muita coisa, ou ao menos sorrir, sobre o que os outros levam a sério demais.

Além disso, também em Jesus encontramos esse tipo de humor. Eu o descreveria como o santo não sério. Não fiquem remoendo os seus problemas, não se percam nas preocupações, aconselhou Jesus aos seus apóstolos. Não fiquem se torturando com medo do futuro. Tomem os passarinhos como exemplo. Eles não semeiam, eles não colhem, e o seu Pai celestial os alimenta. Se Deus cuida tão bem dos passarinhos – quanto mais não cuidará de vocês?

Só uma pessoa que confia totalmente em Deus pode falar com tanta despreocupação. E é nessa confiança que se baseia para mim o humor genuíno. Quem o possui, descobre cores onde todos veem em preto e branco. E esse humor não é inato, podemos aprendê-lo. Você está no melhor caminho, quando pela manhã um rosto cansado, carrancudo olha para você do espelho – e você consegue sorrir.

PODEMOS RENUNCIAR A UMA COMUNIDADE ESPIRITUAL?

Uma jovem mulher do meu círculo de conhecidos me escreveu há algum tempo, que estava finalmente muito aborrecida com Roma e o Papa e também decepcionada com seu pároco. Ela se afastara da igreja. O que eu lhe responderia?

Muitas pessoas saem da igreja. E todas têm seus motivos. Muitas saem por convicção, porque acham que Deus é uma ilusão e não querem mais ouvir sobre consolo, compaixão e salvação. Outras acham que também podem acreditar em Deus sem ser membro da igreja. E muitos dão as costas à igreja decepcionados com o pároco e a política da igreja, assim como a minha conhecida. Todos motivos de peso, na minha opinião. Só que... poderemos realmente respirar aliviados quando não houver mais igrejas cristãs?

Vamos imaginar: nenhum Papa, nenhum bispo e nenhum pároco se oporiam mais ao fogo cerrado de artilharia da propaganda e à adoração ao sucesso da mensagem do amor ao próximo. Ninguém mais falaria abertamente que o ser humano fica tonto e perde todo apoio quando tudo só gira em torno dele mesmo. E ninguém mais nos lembraria que todos fomos criados à semelhança de Deus e que por isso a vida humana é intocável e sagrada. Estaríamos melhor?

Portanto, respondi à raivosa jovem mulher: eu posso entendê-la muito bem. Mas se o aborrecimento com a igreja fosse um motivo para abandoná-la, então eu mesmo há muito tempo já a teria deixado. Também me aborreço com certas coisas. Mas minha fé não depende das pessoas e da sua teimosia, para isso ela me é muito preciosa. Por nenhum aborrecimento do mundo eu renunciaria à comunidade com meus irmãos e irmãs de ordem ou à experiência da presença de Deus no círculo de fiéis durante a missa.

E eu me alegro que sempre mais pessoas pensem de forma semelhante – e depois de muitos anos de indiferença religiosa voltem à igreja. Muitos porque formaram uma família, e querem dar aos seus filhos um lar espiritual. Outros porque precisam de um lugar para reflexão. Outros porque estão curiosos sobre o que Jesus realmente disse. Ou porque querem deixar uma marca contra um mundo que só busca sua felicidade no consumo e no entretenimento. Além disso, minha conhecida está entre essas pessoas. Também ela voltou à igreja. Ainda bem que daquela vez não deixei por menos.

TOLERÂNCIA – VER NO OUTRO A IMAGEM DE DEUS

No livro dos Números há uma história que quero lhe contar. Moisés, o israelita de pele clara, se apaixona por uma mulher de pele escura, uma etíope, e se casa com ela. Onde ele a encontrou? Eu não sei – talvez ela o tenha seguido junto com o povo desde a saída dos israelitas do Egito. Em todo caso, Aarão, irmão de Moisés, e sua irmã, Míriam, acharam escandaloso esse casamento com uma negra. Tão escandaloso que teriam preferido destituir Moisés como líder do povo. E agora Deus se intromete. De qual lado ficará? Disso Deus não deixou nenhuma dúvida. Ele está totalmente de acordo com o casamento de Moisés. Como castigo, Míriam e Aarão primeiro ficaram doentes devido à sua estreiteza de pensamentos.

Então o racismo já existia naqueles tempos. Preconceito porque o outro tinha aparência diferente, uma outra cor de pele ou um outro nariz. Só que Deus deixa imediatamente claro que não vai querer "deixar por isso mesmo". Aarão e Míriam tiveram de aprender essa lição rangendo os dentes. E esse espírito de tolerância encontramos em todo o Pentateuco, os cinco primeiros livros da Bíblia. Em muitas passagens dessa magnífica coleção de histórias e leis os israelitas são exortados a tratar os estrangeiros do mesmo jeito que seus conterrâneos. Por exemplo, há outra passagem que diz que ninguém deve colher toda a sua plantação de uvas para que os estrangeiros de passagem ainda possam encontrar uvas suficientes para delas viver no calor do meio-dia. Sem pagar, naturalmente. Você seria tão generoso assim, com toda a intolerância de hoje?

De resto, nós, beneditinos, também não estamos livres de fazer diferença entre negros e brancos. Por exemplo, durante muito tempo não houve na África mosteiros mistos; os europeus tinham seu próprio mosteiro e os africanos também. Somente há cerca de 30 anos chamou-nos a atenção que isso contraria o espírito da Bíblia. O apóstolo Paulo também nos lembra disso: a origem ou o círculo cultural da outra pessoa não deve representar nenhum papel para os cristãos, porque diante de Deus todos os homens são iguais. Naquela ocasião me engajei com toda a energia para termos esses mosteiros mistos. Hoje eles existem, mas custou aos irmãos e irmãs europeus muita superação.

De acordo com a minha convicção, a verdadeira tolerância significa ver em toda criatura, por mais diferente que seja, uma criação de Deus. Alguém para quem o amor Dele vale o mesmo que o amor por nós. Nem todos os problemas da convivência podem ser solucionados. Mas muitos podem, sim.

O POSICIONAMENTO EXTERIOR É UMA QUESTÃO DO POSICIONAMENTO INTERIOR

Aconteceu no aeroporto de Roma. O voo para Munique foi anunciado e as pessoas se encaminharam para o portão. Fiquei sentado por algum tempo ainda, eu não estava com pressa; no avião todos já têm o assento marcado. Diante de mim, na altura dos meus olhos, passaram barrigas, muitas barrigas gordas, em camisetas apertadas, muitas pessoas seminuas. As barrigas de turistas italianos e alemães. Obviamente muito poucos se importam com a aparência, eu pensei.

Foi então que um chapéu vermelho no final da fila chamou minha atenção. Um chapéu vermelho estrangeiro, que estava um pouco de lado na cabeça. Embaixo dele o rosto de uma mulher jovem, com as sobrancelhas levemente pintadas, os lábios realçados com batom vermelho. Ela também vestia roupas leves – mas que diferença! Com sua blusa de batique colorido e sua calça preta de algodão ela parecia vir de outro mundo. E, de fato, ela era de outro mundo. Em sua mochila descobri a inscrição "Austrália".

Fiquei pensando. Uma jovem australiana viaja para a Alemanha. Ela sabe que se conquista o respeito dos outros através das roupas. Ela sabe que com nossa aparência damos a conhecer o que pensamos das outras pessoas. E a primeira coisa que encontra são alemães em férias que não dão a mínima para tudo isso. Que partem do seguinte ponto de vista: não me importa o que pensam de mim. Aparência, modos, formas de comunicação – nada disso é muito importante. Será que a jovem continuará a pensar assim, quando chegar à Alemanha? Ela não encontrará, a cada passo, pessoas que consideram a sua aparência indiferente?

Espero que a jovem australiana não se deixe impressionar. Pois estou seguro: quem negligencia essas regras de convivência, negligencia a si mesmo. Há quem se comporta assim e ainda acredite estar certo. Não se trata de aparências externas. Como nos apresentamos é uma questão de posicionamento interior. Ouvi falar de uma escola comunitária católica, na Alemanha, onde as crianças, todos os dias, praticam juntas boas maneiras na hora do almoço. Aprendem a usar garfo e faca, a pedir alguma coisa com educação e a comer de forma que não estrague o apetite dos demais. Isso me deixou muito contente. Muitas crianças já não aprendem isso em casa. Mas as regras que elas aprendem aqui, tornam a convivência em comunidade possível. Eu me alegrei especialmente em saber que as crianças fazem uma oração antes de comer. Pois dessa maneira também Deus é incluído nessa comunidade.

MANTER A CALMA MESMO QUANDO TUDO DÁ ERRADO

Quem já não passou por isso: às vezes pode-se perder a paciência, porque tudo dá errado. Eu também conheço essas situações. Eu queria voar para a Coreia do Norte saindo de Roma, passando por Frankfurt e Pequim, onde nós, beneditinos, construímos um hospital. A ação "Sternstunden" [horas estelares] nos havia presenteado com um aparelho de ultrassom especial para crianças e eu já imaginava a alegria dos médicos da Coreia do Norte.

Na baldeação em Pequim esperei em vão pela minha bagagem. Nada de mala nem aparelho de ultrassom. Passou uma hora até preencher-se o formulário de perda e ele receber os carimbos devidos. O computador do aeroporto de Pequim não dava nenhuma notícia. Na sessão de bagagens de Frankfurt também preenchera um formulário de perda. Horas mais tarde a chamada no meu celular. Toda a bagagem do voo ainda estava em Roma, ao todo, 2.000 malas. A seguir, a notícia de que a minha bagagem havia sido encontrada e seguiria para Pequim no voo seguinte. Bem, seja como for, eu tinha de continuar. Partindo de Pequim voei para o canto mais remoto da Mandchúria, e de lá tinha de ir para a Coreia do Norte. Um amigo em Pequim cuidou do caso. Ele mandaria minhas coisas para a Mandchúria. Assim esperava.

Chegando à Mandchúria, descobri que o avião com a minha bagagem não pôde sair de Pequim devido ao mau tempo. O que fazer agora? Fui dormir. Às quatro e meia da manhã meu motorista me acordou. Ao lado dele estava minha mala e o meu aparelho de ultrassom. Nossa, que alívio senti! Às sete da manhã a viagem continuou para a Coreia do Norte e na fronteira um funcionário da alfândega reteve o aparelho. Quando entrei no nosso hospital estava de mãos vazias. E veja só, na manhã seguinte o aparelho chegou. Depois de quatro dias de esperança e medo. Maravilhoso.

Meus acompanhantes me perguntaram como consegui ficar tão tranquilo durante todo esse tempo. Muito simples: No decurso da minha vida aprendi que sempre existe uma solução. É claro que enviei algumas orações a Santo Antônio. Mas eu sei que posso confiar em Deus. Quando não me ocorre mais nada, Ele cuida para que as coisas ainda deem certo. Isso não tem nada a ver com "ficar frio". Ficar frio é ficar indiferente, e os cristãos não são indiferentes. Eles sofrem e têm medo. Mas não têm de ficar malucos. Em todo caso sempre digo a mim mesmo quando tudo me cai sobre a cabeça. Deus ainda está presente. Não há motivo para agitação.

DOAR, PARA ABRIR O CÉU

Na calçada de uma rua de comércio um homem está sentado, tendo diante dele uma caixinha de papelão. Ele olha para o chão. Um mendigo. Que pensamentos lhe vão pela cabeça? É com essas pessoas que o governo deve se preocupar? Ele deveria estar trabalhando? Quem sabe em que ele gasta o dinheiro? Será que realmente precisa mendigar?

Esses pensamentos são humanos e eu também acho que podemos tranquilamente observar um mendigo. Mas não devemos nos esquecer de uma coisa: como é fácil uma pessoa perder tudo por um golpe do destino. Talvez esse homem ali na rua tenha perdido sua querida esposa em um acidente de carro; talvez uma doença grave lhe tenha roubado o ânimo de viver, e agora ele não consiga mais juntar forças para lutar pela vida. Não podemos ver essa história de vida, não importa o quanto o observemos. Pode ser que a nossa generosidade seja a única coisa que não o deixe entrar em desespero total.

O quanto um pequeno presente ou uma pequena dádiva pode representar, tornou-se novamente consciente para mim quando, por bondade, li a carta de uma jovem mulher: "Meu primeiro encontro com o senhor me causou uma grande impressão", ela escreveu. "O senhor me pagou um pedaço de bolo, porque eu não o havia ganhado na rifa na festa dos beneditinos. Para uma menina de seis anos esse pedaço de bolo deve ter sido especial, pois ainda me lembro disso hoje". Como ela deve ter ficado feliz naquela ocasião. E como era pequeno o desgosto dessa menina em comparação com a necessidade que nosso mendigo deve estar sentindo.

Um amigo me contou sobre uma experiência na África. Uma mulher sem pernas havia se arrastado até ele com a mão estendida, e como não tinha moedas consigo, ele lhe deu a menor nota que tinha na carteira – muito dinheiro para essa mulher. Quando seguiu caminho ouviu gritos atrás de si. Ele perguntou ao seu guia o que significava aquilo. "Ela está gritando: O céu se abriu para mim!", ele respondeu. Podemos tomar esse grito da mulher literalmente. Realmente olhamos por um momento para a face de Deus quando experimentamos a compaixão dessa maneira intensa. E somos mensageiros do amor de Deus quando ajudamos as pessoas que não conseguem mais ajudar a si mesmas. Deus precisa de nós. Nós somos suas mãos, seus pés, sua boca e seu coração. Não precisamos dar muito. Mas quando não damos nada, o céu permanece fechado.

UMA BELA ALMA NÃO PRECISA DE CIRURGIAS ESTÉTICAS

Ouvi uma história que me deixou pensativo. Não é uma história especial. Trata-se da história de uma jovem de 17 anos, que estava mortalmente infeliz com seus seios. Mortalmente infeliz, realmente. "Perdi totalmente minha autoestima", ela disse. "Quero um soutien que sirva para mim." Ela se deixou operar, então os seios ficaram grandes demais para o seu gosto. Fez nova cirurgia; agora eles estavam certos, do tamanho exato. Ou seja... firmes e pequenos. Em outras palavras: exatamente como todos os seios que vemos na propaganda e que podemos ver nas passarelas todos os dias.

Deixe-me refletir. Se estes são os seios adequados para ela – então para ela só serve o que serve para todas as mulheres? E o que dizer das outras que não têm dinheiro para cirurgias e têm de se contentar com os que têm? Nesse caso o tamanho normal de 30 a 48? Não desejo ser indelicado. Mas – o que uma jovem pensa de si mesma quando só pode se contentar com seios que se distingam o menos possível dos bustos da propaganda e dos palcos? Devo entender que ela não se sente como um ser único, especial?

Não pense que eu tenho algo contra um belo corpo. Apenas acho que a jovem mente para si mesma. Pois uma mulher, que torna sua autoconsciência dependente de seus seios, não tem autoconsciência. E ela também não desenvolverá autoconsciência enquanto acreditar que novos seios lhe darão de presente a autoconfiança que lhe falta. O que significa confiar em si mesma? Significa sentir-se bem na própria pele, também quando essa pele não corresponde totalmente ao padrão de beleza corrente. A jovem seria muito mais honesta se tivesse confessado o verdadeiro motivo do seu desgosto – justamente o seu medo de não agradar, e não ser amada. Se tivesse sido honesta, então talvez tivesse dito que sermos apreciados e amados pouco tem a ver com a aparência. E talvez lhe chamasse a atenção o fato de que não existem somente mulheres com corpos belos e feios, mas também almas belas e feias, e que uma bela alma se torna muito mais digna de amor do que um belo corpo.

Não, eu não tenho nada contra a beleza – quando ela é irradiação. E só têm essa irradiação as pessoas para as quais o corpo não representa o principal papel. Quem tem a irradiação de uma bela alma, agrada; disso estou convencido. E também será amado. E pode poupar-se dessa ida a um cirurgião plástico.

A CRIANÇA NA MANJEDOURA E UMA VIDA COM NOVAS REGRAS

Por acaso não é isso o que acontece? Para muitos de nós a história do Natal não passa de um lindo conto de fadas. A comovente história de um homem e uma mulher que se alegravam com o nascimento do seu primeiro filho e tiveram a sorte de encontrar uma porção de pessoas que se alegraram com eles. Ainda se festeja o Natal. Mas quem se atreveria a dizer que esse bebê, nascido em uma manjedoura em um estábulo é o filho de Deus? Quem não teria dificuldade para espalhar que o próprio Deus veio ao mundo nesse estábulo?

Vou lhe confidenciar por que eu creio que Jesus é o filho de Deus: porque através de Jesus nós obtivemos uma imagem clara de Deus. Porque com ele aprendemos: Deus não é um mestre-escola, que exige que decoremos regras e prescrições. Deus não é um educador que quer que o obedeçamos cegamente. Deus não é um juiz que só espera por nossos erros, para nos castigar. Não, Deus é o amor. E esse amor de Deus veio fisicamente ao mundo com Jesus. Quando lemos no Evangelho o que havia de especial em Jesus, constatamos que na sua educação, em seus relacionamentos com as outras pessoas ele não se atinha a nenhuma regra de comportamento e a nenhuma medida de segurança. Ele não conhecia nenhum esquema para lidar com as pessoas. Ele também não escolhia por simpatia ou antipatia e tampouco de acordo com a posição da pessoa. Tudo o que Jesus fazia e dizia provinha de seu amor incondicional por todo indivíduo, de uma profunda compreensão das suas fraquezas, de uma dedicação inabalável por tudo, independentemente do que fizessem, ou de seu mau humor ou do que tivessem quebrado.

Toda pessoa que se mantivesse perto dele, como por exemplo os seus apóstolos, ficava fascinada com sua amabilidade com as pessoas, sua paciência e sua descontração. E considerava totalmente convincente quando Jesus dizia: É vontade de Deus que sejamos amáveis e compreensivos com todas as pessoas com quem nos encontramos, até com nossos inimigos. E todos sentiam: isso é algo totalmente novo. Isso significa: nenhuma vida de acordo com regras e com prescrições estabelecidas como tentam fazer os fariseus. Mas uma vida que se orienta por uma verdade simples. Basta deixar-se conduzir pelo amor de Deus.

Devemos dar graças a Jesus por essa verdade. E para mim isso é razão suficiente para considerar que o bebê na manjedoura é o filho de Deus.

O NATAL OU A FELICIDADE DE COMPARTILHAR ALEGRIA

Na história da minha vida há um certo Natal que significa mais do que os outros, para mim. Um Natal que determinou o resto da minha vida. Foi a noite de Natal de 1942.

Meu pai estava na guerra. Mas nosso senhorio, que morava no andar térreo, havia voltado do fronte para os feriados. Eu me lembro de ter ouvido um sino tocar na noite de Natal e minha mãe me dizer: "Cristo chegou". E ainda hoje me vejo descendo correndo os degraus, no escuro. Correndo é maneira de dizer, pois naquela ocasião eu tinha apenas dois anos e meio e precisava dominar um degrau de cada vez.

Quando cheguei embaixo, a porta da sala de visitas abriu-se à minha frente. Por trás estava escuro, então vi a árvore de Natal com as velas acesas. E embaixo da árvore, vi uma rede dourada de blocos de montar com figuras coladas de todos os lados. Fiquei paralisado de felicidade. Comecei a retirar os blocos da rede, um a um, com meus dedinhos. Então me virei – e vi aquele homem, nosso senhorio, em pé atrás de mim, radiante de felicidade com a minha felicidade. A alegria dele literalmente brilhava em seus olhos. Pouco tempo depois ele morreu, mas guardo até hoje na lembrança seu rosto iluminado. Naquela ocasião eu aprendi que uma das maiores alegrias é proporcionar uma alegria aos outros.

Para mim a entrega dos presentes de Natal ainda não acabara. Naquela noite, minha mãe me levou para a Missa do Galo, me colocou diante dela no banco e me segurou, uma criancinha gorducha. E eu ouvi com surpresa os cânticos, inspirei o incenso e gozei o brilho das luzes. O que se desenrolava diante dos meus olhos e ouvidos era magnificamente belo. Ainda hoje não encontro palavras para descrevê-lo.

Desde então a igreja me conquistou. Durante um período da minha vida considerei a religião ligada a algo de belo. Para mim a igreja era e é um local em que celebramos e nos alegramos, e podemos dar vazão à nossa gratidão. E eu sou grato à minha mãe, que depois da entrega dos presentes não me colocou na cama. Estou firmemente convencido de que as crianças que vivem algo assim, hoje, reagirão de modo semelhante a mim, naquela ocasião. Por isso faço um pedido: permita que seu filho tenha essa felicidade; permita que ele experimente o Cristianismo como uma religião da alegria.

PÔR AS COISAS EM PRATOS LIMPOS PARA O ANO NOVO

Imagino que você não se sentiu muito bem nos últimos dias do ano velho quando começou a refletir sobre a vida. De repente, ocorreu-lhe que os dias se sucedem muito depressa... Que o tempo nos arremessa pela vida sem consideração. Você não é o único a ter esses pensamentos. A marcha inabalável dos dias, meses e anos nunca foi agradável para os homens, por isso eles sempre tentaram dar ao tempo um ritmo humano. Como? Com os feriados, que contam uma história diferente daquela do tempo que corre impiedoso. Uma história que dê um sentido, um significado ao tempo. No nosso mundo cristão é a história do filho de Deus que nós contamos no decurso de um ano, quando festejamos a Páscoa, a Ascensão ou o Natal. E você pode perguntar: e o Ano-Novo? Essa data cabe nessa história?

Cabe maravilhosamente, eu acho. De que se trata na mudança de um ano para outro? Por certo de viver um novo começo. Poder começar outra vez, com novo impulso e nova coragem. Subitamente, a vida está outra vez fresca e cheia de esperança diante de nós – quando, é claro, não cometemos os mesmos erros, quando não levamos antigos aborrecimentos para o novo ano. O que quero dizer com isso? Por exemplo, a briga com o cônjuge, a falsa suspeita contra uma amiga, a ofensa de um colega de trabalho, tudo, pelo que ainda não nos desculpamos, simplesmente o que foi varrido para debaixo do tapete. Quantas vezes acontece de as pessoas guardarem contra nós um profundo ressentimento e não falarem mais conosco? E não é verdade que tanto uma como a outra pessoa sofrem?

"Perdoai-nos as nossas ofensas, assim como nós perdoamos a quem nos tenha ofendido", é o segundo pedido do Pai-nosso. Isso significa: dá-nos a coragem, querido Deus, de colocar tudo às claras. Eu sei que às vezes "Perdoe-me" sai com dificuldade dos nossos lábios. É muito mais fácil pedir primeiro perdão a Deus – com Ele não perdemos a dignidade, com Ele podemos falar com franqueza. Mas depois deveríamos pedir desculpas àqueles que se aborreceram conosco, estendendo-lhes a mão em reconciliação. Essa reconciliação pode representar um abalo, um abalo muito bonito. A isso pertence a coragem de ter belos sentimentos. Lágrimas também podem correr. Em todo caso, o efeito é libertador. Só então temos a força para um novo começo. E por isso eu acho: o Ano-Novo deve ser para nós uma festa de reconciliação. Assim esse dia tem seu sentido e significado.

JOGOS VIOLENTOS FAZEM MAL ÀS CRIANÇAS

Talvez isso tenha acontecido com você também. Uma mãe chega em casa e encontra seus dois garotos com o videogame, jogando com o pai um desses jogos perversos de violência, nos quais se tenta matar o maior número de pessoas possível. A mãe achou esses vídeos uma porcaria e os havia proibido aos filhos. Mas o pai se diverte com o tiroteio e afirma que nenhum psicólogo provou que esses jogos fazem mal às crianças. A mãe não sabe o que fazer. Ela não precisa de provas de que o prazer com banhos de sangue é algo repugnante. Ela simplesmente não quer que os filhos achem graça na morte. Mas o que ela deve fazer?

Se você também tem esse problema, aqui vai minha solidariedade. Vídeos de assassinato são perversos. Brincar sempre significa aprender algo – aprender algo sobre o mundo e algo sobre si mesmo. Nenhum jogo passa por uma criança sem deixar marcas, pelo simples motivo de que nada, absolutamente nada passa pela criança sem deixar marcas. Quando brincávamos de "cara, não se aborreça" quando éramos crianças, com o jogo aprendemos a suportar retrocessos. Aprendemos como a sorte pode mudar depressa e que o mundo não acaba se perdermos uma vez ou outra. Com o jogo Monopólio aprendemos a lidar com dinheiro e a avaliar os riscos. Tudo relativamente útil.

E o que aprendemos com jogos de violência? Que o mundo está repleto de inimigos e que contra os inimigos só nos resta atirar. Também aprendemos que não é preciso perder muito tempo com os problemas – basta um tiro e o assunto está liquidado. Além disso, aprendemos que a coisa mais esperta a fazer é não encarar o outro. Senão, poderemos ver nos olhos dele o medo mortal, seu amor pela vida, seu desespero e ainda assim temos de atirar. No mundo dos jogos de assassinato uma comoção humana como essa é mortal para o jogador. É mortal para o seu filho. Então é melhor atirar primeiro.

Um garoto que faz isso todos os dias, acostuma-se à brutalidade. E em algum momento ele sente alegria com a violência, em vez de repulsa. Você quer isso? Se não quer, converse com seu marido, fale com seus filhos. Pergunte-lhes por que meio mundo se agita quando uma criança tortura uma minhoca, mas todos se adaptam ao fato de as crianças perseguirem pessoas na tela. E por que, afinal, eles querem esperar pela prova irrefutável de que jogos violentos fazem mal às crianças?

QUANDO O SER HUMANO ESTÁ VAZIO, AO MENOS O DIA TEM DE SER CHEIO

"Nós podemos fazer tudo. Por isso, simplesmente não fazemos nada." Descobri isso com o pregador de cartazes em um restaurante. Quem escreveu isso, é um espertalhão, pensava eu. Ele acerta o prego com o martelo. Exatamente esse é o nosso problema. Poderíamos fazer praticamente tudo... tudo é possível em algum momento e tudo de algum modo certo e tudo de algum modo esperto, porque a escolha de posicionamentos diante da vida é tão grande como a escolha de mantimentos nos mercados, porque basta nos servirmos. Isso pode provocar em nós certa indiferença que nos deixa paralisados. Pois, antes de agir, precisamos nos decidir por um objetivo. Mas por qual? Se tudo tem o mesmo valor, tudo também é igualmente sem valor. Não é de admirar que principalmente as pessoas jovens não se decidam mais por nada, simplesmente se penduram ou se deixam levar, e se ensurdecem totalmente com telefones celulares, computadores e MP3-Players para fugir do tédio insuportável.

Outros tentam fugir do vazio interior por meio de uma atividade exagerada. Eles se refugiam na loucura de serem indispensáveis. O dia passa voando, e no fim do dia mal são capazes de dizer se foi um dia excepcionalmente bom ou ruim. Mas quando conseguem livrar-se da pressa do cotidiano, sentem-se exaustos e desamparados. E só conseguem pensar em tudo o que não conseguiram fazer.

Portanto, o jeito é arremessar-se outra vez no tumulto. Só não querem refletir! Quando a pessoa está vazia, então, ao menos o dia tem de ser cheio.

Acredite, querido leitor, eu sei como o dia pode ser repleto de atividades. Também eu muitas vezes fico estressado. Mas eu não temo ter de pensar. E por isso muitas vezes interrompo meu trabalho para ir à oração em coro, como todos os monges, e canto os salmos junto com meus irmãos. "Pare agora", digo a mim mesmo, "Deus tem prioridade. A próxima meia hora pertence a Deus." Porque eu sei: nessa meia hora eu não caio no vazio, eu me encontro, a minha alma trabalha, eu tenho contato íntimo com Deus. Quem tem esse contato com Deus, fica contente quando descansa. Essa pessoa não tenta se encher de sons, ou se dopar por meio da agitação. Ela consegue compreender-se cada vez melhor e pode muito bem decidir por objetivos de vida. Essa, ao menos, é a minha experiência. E eu lhe desejo essa experiência.

MUITAS VEZES O SILÊNCIO CONSOLA MAIS DO QUE TODAS AS PALAVRAS

Você deve conhecer o Livro de Jó, no Antigo Testamento – ou ao menos lembrar-se de que Jó foi atingido por toda infelicidade possível e que ele perdeu tudo e contraiu uma doença terrível. Trata-se de um livro pesado. Mas eu acho que podemos aprender muito com ele, principalmente sobre como lidar com as pessoas que foram atingidas por um severo golpe do destino.

Encontrar as palavras certas quando uma amiga perdeu o filho em um acidente de carro, quando um amigo recebeu o diagnóstico de câncer – como ficamos constrangidos! Aos amigos de Jó não aconteceu outra coisa: mas eles não tentaram consolá-lo, a princípio. Sentaram-se junto dele e durante sete dias não disseram uma única palavra. Inacreditável. Obviamente você sabe que não existem palavras certas em ocasiões como essa, porque nenhuma palavra de consolo e nenhum conselho, por mais bem-intencionado que seja, pode mitigar uma dor tão profunda. Em vez disso, eles mostraram a Jó como sua amizade era profunda, à medida que suportaram seu rosto tão triste. E isso consola mais do que quaisquer palavras. Pois as pessoas que sofrem querem que levem seu desespero a sério. Elas não querem ouvir que tudo ficará bem outra vez e que a vida continua – para elas isso não passa de tagarelice das pessoas que nunca poderiam imaginar-se na sua situação.

Muito mais importante do que falar, é deixar-se ver, tocar na pessoa e ouvir – e fazer o infeliz compreender: não desistimos de você. Nós mantemos a porta da vida aberta para você, até você conseguir reunir nova coragem ou até você sarar. Ou até o momento derradeiro. Além disso, nós lhe provamos que não existe nada além do golpe do destino que ele sofreu. Talvez tenhamos sucesso em trazer de volta ao nosso mundo a amiga desesperada ou o amigo abatido, ao qual na verdade eles nem queriam voltar.

Simplesmente estar presente – essa é a coisa mais sábia que os amigos de Jó puderam fazer. Pois em todo caso, quando não suportaram mais, precisaram dizer algumas verdades curativas a ele. E logo constataram que Jó podia renunciar a elas. E é isso, portanto, que podemos aprender com esse livro: que entre nós e o sofredor existe um abismo, o qual nenhuma palavra compreensiva e nenhum conselho amigável pode atravessar. Entretanto, nós não somos supérfluos como amigos, apesar de tudo. E se tudo der certo, podemos até ver que a amizade depois disso ficou mais estreita do que antes.

UMA VIDA DISSOLUTA E SELVAGEM – NÃO É PROBLEMA PARA DEUS

Sempre sou visitado por pessoas que não sabem mais rezar. Como aquela mulher de quarenta anos, mãe de três filhos. Antes ela rezava à noite, antes de ir dormir, mas isso foi há muito tempo. Hoje ela acredita que não existe mais para Deus. Ela se envergonha diante de Deus, porque fez muita coisa errada. Talvez não realmente errada – mas ela se divertiu, levou uma vida desregrada e agora se sente culpada diante de Deus. Mas gostaria muito de rezar. Antes a oração lhe fazia bem. Mas ela não ousa. Não ousa sequer rezar com seus filhos.

Além disso, ela se considera inocente: "Não há nada de que me arrepender", ela disse, "as experiências que fiz naquela ocasião foram importantes para mim. Mas eu temo não ter agradado a Deus com esse comportamento". Desde então ela tem a sensação de que tudo o que vai mal na sua vida pode ser um castigo de Deus. "Deus está insatisfeito comigo", ela disse. E agora acredita de fato que não pode mais se deixar ver por Ele. O que posso lhe dizer?

Bem, em primeiro lugar posso imaginar que ela teve alguns problemas. Ela é uma bela mulher temperamental. Mas como ela sabe com tanta certeza o que Deus pensa e o que Deus considera imperdoável?

Meu primeiro pensamento é: talvez tenha acontecido algo com que ela não consegue lidar e pelo qual ela mesma não se perdoa. Talvez em sua vida dissoluta nem tudo tenha dado certo, e agora seu subconsciente se rebela contra a sua boa consciência. E meu segundo pensamento é: ela teme a Deus, porém não perdeu a confiança em Deus. Ela acha que Deus a está castigando ou educando por meio de castigos. Mas sobre isso não existe nada no Novo Testamento. Ali está a história do filho pródigo – uma das parábolas mais bonitas que Jesus contou. Esse filho levou uma vida dissoluta. Em determinado momento a vida ia tão mal, que ele precisou reunir coragem para voltar para casa. E seu pai não lhe fez nenhuma censura! Ele o aceitou de braços abertos e até mesmo organizou-lhe um banquete. Assim, disse Jesus, acontece com toda pessoa que se volta a Deus em uma oração, independentemente se é uma ovelha sem pecado ou um dissoluto. E assim também aconteceria com a filha perdida, se Deus a culpasse por alguma coisa. Diante de Deus, eu disse a ela, não precisamos nos envergonhar. Essa é a maior beleza.

PODEMOS CHAMAR O DIABO DE CONSCIÊNCIA?

O mal realmente existe? Talvez até mesmo o diabo, Satã? Quero lhe contar uma história, uma história inofensiva. Um menino de dez anos me confessou que perseguiu sua pequena irmã escada acima com uma aranha. Primeiro eu sorri, depois disse: "Olha, isso não é uma tragédia. Foi uma brincadeira boba de um garoto peralta..." mas o garoto sacudiu energicamente a cabeça. "Não", disse ele, "eu sei o medo que minha irmã tem de aranhas. E me diverti aborrecendo a minha irmã." Então entendi o que ele queria dizer. Ele havia descoberto sua própria maldade e estava assustado consigo mesmo. Existe, de fato, esse prazer quase estranho pelo mal, por torturar e aniquilar outro ser humano. E ele existe em todos, em cada um de nós.

É isso o que a Bíblia quer dizer, quando constata gravemente: "O desejo do coração humano é o mal desde a infância". (Gênesis 8,21) O que quer dizer: todos nós somos suscetíveis ao mal em qualquer idade. Essa vontade de prejudicar os outros, simplesmente nos acomete de vez em quando, não sabemos como. Com o bem não acontece o mesmo. Quando dividimos uma laranja com nosso colega no pátio da escola, ou mais tarde contribuímos para as vítimas de catástrofes, isso na maioria das vezes é intencional. E, mais ainda, quando estamos apaixonados, somos inundados pelo bem-querer. Mas as coisas odiosas e as que ferem raras vezes praticamos intencionalmente;

isso em geral nos dá coceira nos dedos, acontece por trás das costas, e muitas vezes só percebemos o que aprontamos quando voltamos a refletir.

Portanto, podemos realmente dizer: aqui duas forças diferentes estão em ação. Uma que se parece mais com uma tentação, secreta e pérfida. E outra que não nos seduz, mas convence e é conquistada pelo amor. Quando chamamos esse poder de bom Deus, por que não chamaríamos essa força maligna de diabo? Naturalmente, esse diabo não pode ser reconhecido pelos seus chifres ou pelos seus cascos de cavalo. Entretanto, sempre que as pessoas querem exercer poder sobre as outras para subjugá-las, extorqui-las ou humilhá-las, podemos ter certeza: agora não é a força de Deus que está em ação. Só pelo diabo somos seduzidos a exercer o poder sobre nossos semelhantes.

MAIS CORAGEM PARA A VERDADEIRA VIDA

Então, certa vez fui ao cabeleireiro não na Itália, mas sim na Alemanha, e tive uma surpresa. Perguntei ao dono se ele formava aprendizes. Ele respirou fundo e começou a contar uma longa história. "A princípio, sim", ele disse. "Mas, para dizer a verdade, não. Nós desistimos. No ano passado tivemos duas garotas aqui. A primeira perdia a visão geral, assim que mais de dois clientes entravam no salão. Essa jovem mulher ainda ficava firme, mas não conseguia mais pensar. Totalmente estressada. Apesar disso, ainda tinha suficiente bom-senso para discutir comigo exaustivamente cada instrução. Depois de quatro semanas ela achou que não era a profissão certa para ela e então desistiu.

A segunda aprendiz achava seu horário de trabalho exagerado. Não foi possível conciliar os horários de folga dessa moça. A cada segunda noite ela queria ir embora mais cedo, porque tinha planos. Falei com ela e descobri que nunca havia trabalhado em toda a sua vida. Ela nunca tinha lavado um copo! Em casa nunca precisara levantar um dedo! Então abrimos mão dela. Tive azar por duas vezes, pensei. E então descobri que os colegas haviam feito experiências semelhantes com aprendizes." Meu cabeleireiro deu um pequeno sorriso, como expressão do seu desamparo. E então ele disse: "Obviamente, hoje os pais esperam que os patrões ensinem aos filhos a moral do trabalho. Ou como falar amavelmente com os clientes. Ou que estejam concentrados no trabalho. Sinto muito, mas não estou pronto para isso. Agora não ensinamos a mais ninguém."

Meu cabelo ficou pronto: nós nos despedimos, e no caminho para casa, fui pensando: não se pode censurar esses jovens, mas o que estarão pensando os seus pais? Eles não preparam mais os filhos para a vida? Será que é um sinal de amor não exigir mais nada dos filhos? O que Joãozinho não aprende, João nunca mais aprenderá, dizia-se antigamente. Eu acho que isso ainda está certo. Tudo tem de ser praticado durante algum tempo. E na casa dos pais. Hoje talvez seja preciso ter mais coragem para dar uma boa educação. Mas, não deveríamos insistir? Façamos um favor aos nossos filhos, vamos transformá-los em pessoas independentes. Vamos prepará-los para o fato de que a vida não lhes será servida em uma bandeja de prata. É preciso coragem.

SOBRE HOMENS QUE NÃO QUEREM STRESS

Será verdade que o medo está aumentando, apesar de vivermos cada vez com mais segurança e conforto? Pois eu tenho essa impressão: quanto melhor a nossa situação, mais pessoas afundam na falta de ânimo. Aí, certos riscos parecem riscos mortais para muitas pessoas. E podemos achar que o amor é especialmente ameaçador. Naturalmente, não o fato de estarmos apaixonados, não o caso amoroso legal, sem compromisso, isso não – o grande amor, a decisão por uma pessoa com a qual queremos viver juntos para sempre.

Você percebe aonde quero chegar? Certo, quero falar dos homens. Casamento? Criar uma família? Viver toda a vida com a mesma mulher? Cada vez mais homens dizem: "É stress demasiado. Não vou fazer isso comigo". E acreditam que são mais felizes quando mantêm somente pequenos casos de amor.

Esses homens são de desesperar, não? Acredito nisso. E tenho certeza: Quem quer obter a sua felicidade pagando barato, nunca a encontrará. Pois nada, nada mesmo pode dar certo na vida, quando se perde a esperança desde o início e, por medo do stress, se dá por satisfeito com a solução mais confortável. Como diz Alex Sorbas: Se você assistiu ao filme, deverá lembrar-se: "Viver significa apertar o cinto e ficar de olho nas dificuldades". Ele está certo. E essa coragem de viver será recompensada, também, e justamente no amor.

Eu sempre fico contente quando depois de muitos anos alguns alunos de nossa escola monacal se reencontram em Santa Otília. Quando se casam e se tornam pais, eles ficam como que mudados. Também os alunos despreocupados se tornam adultos repletos de amor e altruísmo. Eles não giram mais apaixonados em torno de si mesmos, porque fizeram experiências que interiorizaram. Investir no todo, ousar algo grande; o amor, esse também é o caminho para a felicidade. Sacrificar um pouco de dedicação, um pouco de independência para obter infinitamente mais, interiormente. No Antigo Testamento encontramos uma bela imagem para as grandes esperanças de que precisamos para viver. O profeta Zacarias descreve o futuro magnífico da Jerusalém destruída e despovoada e diz: "Homens idosos e mulheres se sentarão outra vez em lugares de Jerusalém, cada um com seu bastão. E os lugares da cidade estarão cheios de meninos e meninas que brincam ali". Será que essa imagem pode comover também os homens que não querem ter stress?

DEUS – NÃO HÁ NADA MELHOR CONTRA O MEDO

Você já dirigiu a 140 por hora por uma rodovia à noite e subitamente ficou com medo? Você pensou: mas que loucura, correr dessa maneira pela noite! Isso mesmo, um suicídio. Muitas pessoas são acometidas por esse medo em cima de pontes altas, quando se dão conta da profundidade lá embaixo. A antiga segurança some de uma só vez e percebemos que estamos cercados de perigos, estamos oscilando sobre um abismo. É como se nos tirassem o chão de debaixo dos pés, como se nadássemos para uma ilha flutuante, no escuro, em algum lugar.

O que nos dá a segurança necessária na vida é a certeza de ter solo firme debaixo dos pés. Podemos chamá-la de pátria, enraizamento ou fé. Quem não tem esse apoio, cai. Entre eles há as pequenas coisas às quais nos apegamos – como os peixes dourados da mulher chinesa com a qual viajei, algum tempo atrás, pela estrada para a Coreia do Norte. Durante o caminho ela me contou que desde os 13 anos vive na cidade de Rason, na Coreia do Norte, onde nós, beneditinos, temos um hospital. Na última cidade chinesa antes da fronteira nós paramos. Comprei cigarros e conhaque como presente para nossos anfitriões na Coreia do Norte. E o que levava a chinesa? Um grande saco de plástico com água, na qual nadavam oito peixes dourados. Eles não eram apenas bonitos de ver, esses peixes dourados. Para a dama da China eles eram um pedaço da pátria, seres conhecidos que deveriam ajudá-la a superar a estranheza da Coreia do Norte.

Posso compreender bem esses sentimentos. Como prior, estou constantemente viajando e visitando mosteiros em todo o mundo. Raras vezes tenho solo pátrio debaixo dos pés. Então encontro a minha proteção no círculo das minhas irmãs e irmãos, portanto, entre aquelas pessoas que como eu buscam a proximidade de Deus. Em todo lugar aonde eu for, nós nos reunimos às mesmas horas na casa de Deus a fim de cantar os salmos juntos; e todas as vezes sentimos a presença de Deus como algo bem real. Essa é a minha pátria, meu apoio seguro.

Você também pode fazer essa experiência, todos os domingos pela manhã. Se faz tempo que você não vai à missa, ao serviço de Deus, então simplesmente tente fazê-lo outra vez. Sinta por uma hora a presença de Deus. Não existe nada melhor contra o medo.

UM SINAL DE GRANDEZA HUMANA: A MISERICÓRDIA

Nestes dias fala-se muito em misericórdia. Em misericórdia para Christian Klar – um terrorista alemão que está na prisão há 24 anos. Nos anos 70, ele e seu grupo de terroristas da RAF assassinaram muitas pessoas a sangue-frio. Se o nosso presidente o anistiasse de fato, ele sairia da prisão dois anos antes do previsto. Ele não merece isso, você talvez diga. Exatamente. Ele não o mereceu. Mas é justamente isso que é difícil de compreender na misericórdia. Ela nunca é merecida. Ela sempre é uma oferta imerecida de reconciliação. E ela sempre custa autossuperação porque nosso senso de justiça se revolta contra ela.

Eu quero lhe dar um exemplo: certo dia um dos nossos mosteiros americanos foi invadido por um homem armado que matou dois monges e feriu gravemente outros dois, antes de se suicidar. Imperou grande consternação. Então os monges sobreviventes decidiram enterrar esse assassino junto com suas vítimas no cemitério do mosteiro. Como se ele fosse um deles. Como sinal de reconciliação.

Veja você, isso é misericórdia. Recompensar o mal com o bem. Pagar a desumanidade com a humanidade. E aceitar o criminoso, apesar de tudo, como seu semelhante. Você pode imaginar quanta superação isso deve ter custado para os meus irmãos americanos de ordem. Mas você com certeza já deve ter feito a experiência do efeito libertador. Deixar a misericórdia prevalecer ao direito e, por exemplo, perdoar uma traição da amiga, embora ela sequer tenha pedido perdão. Ou perdoar um mau passo do seu filho, embora ele não queira enxergar. Isso é libertador – e, realmente, para todos. Pois com a oferta imerecida de reconciliação nós libertamos a nós mesmos da raiva, da dor, de toda intoxicação que uma ação horrível deixou na nossa alma. E ao pecador devolvemos outra vez sua dignidade humana com nosso perdão.

Os beneditinos americanos trataram o assassino como trataram os irmãos que ele havia assassinado. E Christian Klar? Ele suportou uma longa pena na prisão. Será que ele deve ser anistiado agora, mesmo que não se arrependa do que fez? Devemos lhe dizer que depois de 24 anos atrás das grades ele torna a pertencer à sociedade – e com isso fazemos um gesto de grandeza humana, que Deus toma a misericórdia como medida? Pode ser que isso contrarie o nosso senso de justiça. Mas eu acho que isso seria cristão.

ESPERANÇA PARA ALÉM DA MORTE

A Páscoa é a grande festa da alegria da Igreja. E a missa da noite de Páscoa é para mim a experiência mais feliz de todo o ano litúrgico. No decurso das missas da Páscoa vivemos essa mudança maravilhosa dos sentimentos – o luto mais profundo, devido à morte de Jesus, e a sua ressurreição.

Naquela ocasião aconteceu o mesmo com Pedro. Depois da condenação de Jesus à cruz, a maioria dos seus apóstolos havia fugido de Jerusalém, mantendo-se amedrontados nas suas aldeias natais. Tudo estava perdido. Pedro era um dos poucos que ainda estavam na cidade. E ele também foi um dos primeiros a quem Jesus se mostrou depois da sua ressurreição. O que fez Pedro? Ele mandou mensageiros às aldeias, aos esconderijos dos apóstolos, conclamou todos e enviou-lhes a notícia: "Não está tudo perdido. Jesus vive! Ele ressuscitou! Voltem!" E eles de fato vieram. Ainda desesperados, eles se reuniram em pouco tempo, todos outra vez em Jerusalém. Assim surgiu a primeira comunidade cristã, a comunidade original.

Nem todos se deixaram convencer tão depressa naquela época. Um morto que vive outra vez? Na comunidade cristã de Corinto alguns tinham suas dúvidas – e pediram provas ao apóstolo Paulo. Este continuou descontraído. Ele enviou aos coríntios uma lista com todas as pessoas que encontraram Jesus depois da sua ressurreição (pode ser lida em 1Coríntios 15,3-8): "A maioria delas ainda vive", ele acrescentou à lista, "passaram-se exatamente 20 anos. Perguntem a elas, se quiserem". Para o próprio Paulo a coisa era clara: "Se Jesus não tivesse ressuscitado, não haveria fé cristã".

Além disso, os ovos de Páscoa são um testemunho dessa crença. Pois em cada ovo desenvolve-se nova vida, invisível até a casca se romper e o pinto sair dela. Antigamente se via nisso a imagem da ressurreição de Jesus do túmulo. Portanto, os ovos de Páscoa podem nos lembrar o que forma o cerne da mensagem cristã. Jesus venceu a morte. E por isso temos uma esperança que vai para além da morte. A esperança de uma vida eterna junto de Deus.

AFINAL, NÃO PRECISAMOS DE DIETER BOHLEN

Afinal, a Alemanha está procurando o superídolo quando exibe na televisão *Deutschland sucht den Superstar*? [A Alemanha busca o Superídolo?] Ou na realidade só queremos viver como gente jovem que se envergonha e finalmente é eliminada por Dieter Bohlen, porque se superestimou terrivelmente? Pois nenhum deles se tornará um superídolo. Contudo, acho essa transmissão interessante. Você sabe por quê?

Porque vejo na tela gente jovem que gostaria de acreditar que é única. E que gostaria que sua originalidade fosse percebida. E não por qualquer um. Mas por esse Dieter Bohlen. Por que justamente por ele? Porque confiam no seu julgamento. Eles sabem que ele não tem papas na língua. Ele faz julgamentos claros e impiedosos. Isso obviamente não assusta os candidatos. Ao contrário, eles levam a sério cada perda, cada humilhação, só para ver alguém lhes dizer a verdade pura, sem disfarces. E eu acredito que isso no mínimo é muito importante para os jovens, tão importante quanto vencer. Enfim, pelo menos uma vez receber a verdade na cara. Enfim, uma vez palavras claras. Tudo isso é muito melhor do que a eterna lenga-lenga.

Se é assim, posso entender essa gente jovem. Pois trata-se de pessoas que têm a autoridade de sua convicção e que a apresentam às claras e ferem os outros com sua franqueza. Justamente gente jovem exige isso: ouvir a verdade sobre si e testar seu empenho. Os jovens não querem ser poupados, eles querem ouvir opiniões sinceras. Ter de encarar os seus erros, naturalmente dói no primeiro momento. Mas no segundo momento faz muito bem, pois significa: agora alguém me levou a sério. Aqui alguém quer realmente me ajudar.

Mas será que precisamos de Dieter Bohlen? Os próprios pais não poderiam fazer isso, em vez de sempre fechar os olhos? Jovens querem saber até que ponto são autênticos. Quem sabe disso, não precisa de mais provas para sua originalidade. E também não precisa de Dieter Bohlen.

QUANDO É DIFÍCIL AMAR ALGUÉM

A aparência é terrivelmente importante nos dias de hoje. E preciso concordar que a beleza física também me impressiona. Pessoas gordas têm dificuldade com isso. E a mulher que esperava o avião comigo, um voo nos Estados Unidos, era realmente muito gorda.

Ela era até mesmo incrivelmente gorda. Ela me lembrou certa vez, em que minha mãe perdeu um bolo porque a massa transbordou da forma. Essa mulher havia se instalado na série de cadeiras da sala de espera mais ou menos confortavelmente. Perto dela sentava-se o marido, que não era exatamente esbelto, mas nem de longe era tão obeso como ela. A mulher se levantou uma vez, arrastando-se com dificuldade pelo saguão; e tenho de confessar que desviei os olhos.

Mas o que vi, de repente tornou essa mulher simpática. Ela sentou-se, meio recostada de lado, junto do marido. Ele pegou na mão dela, seus dedos brincavam uns com os outros, e ambos se olharam radiantes. Eles se amavam, não dava para não ver. E, de repente, gostei dessa mulher. De repente pude vê-la com os olhos apaixonados do seu marido. E fiquei feliz por ela.

Não, não se trata da aparência ou da circunferência do corpo. Mesmo que sempre tentem nos convencer de que só a beleza é digna de amor. Não, o amor nos torna dignos de sermos amados, o amor nos torna belos. Essa mulher não deve ter tido facilidades na sua vida, no entanto, obviamente, ela experimentou o amor e havia presenteado amor. Agora eu a via com outros olhos: e tive de pensar nas palavras de São Paulo: "Agora estas três coisas permanecem: A Fé, a Esperança e a Caridade. Mas a maior delas é a Caridade" (1Coríntios 13,13). Paulo, que às vezes escreve de modo muito complicado, dá aqui um testemunho simples, totalmente pessoal – e prova com isso que entendeu a mensagem do seu Senhor, Jesus Cristo. Em todo caso, desde aquele encontro no aeroporto americano penso naqueles dois, naquela mulher e naquele homem, quando sinto dificuldade de amar alguém só porque me parece feio. O olhar amoroso às pessoas é algo valioso e maravilhoso. Podemos aprendê-lo com Jesus.

COMO POSSO SER PERSEGUIDO PELA SORTE?

Quando alguém tem sorte, não pergunta por quê. Depois do nascimento de um filho saudável, depois de ganhar um bom prêmio na loteria, ou depois do primeiro beijo você nunca pergunta: por que isso foi acontecer exatamente comigo? Mas quando somos perseguidos pelo azar, começamos a perguntar: por quê? Como mereci isso? E talvez não tenhamos outra explicação senão que Deus quer nos castigar por alguma coisa.

Pode ser muito opressivo carregar esse sentimento de culpa e sentir-se castigado por Deus. Sabe o que eu penso? Que essa explicação não é verdadeira. E que as pessoas que explicam uma infelicidade dessa maneira, conhecem mal a Deus. Uma pessoa que conhecia bem a Deus, não se importou nada com isso: Jesus. E ele logo elimina a suspeita das pessoas que pensam dessa maneira. Por exemplo, na lagoa de Siloé, em Jerusalém, uma torre ruiu e soterrou 18 pessoas. Os seguidores de Jesus só puderam explicar essa desgraça como um castigo justo – os 18 mortos tinham culpa no cartório, disseram eles. "Tolice", respondeu Jesus. "Poderia ter atingido qualquer um de vocês. Deus é diferente." E então ele lhes contou uma parábola (Lucas 13,1-9): Um homem planta uma figueira, mas há algo de errado com a árvore – durante três anos ela não deu nenhum figo. "Corte-a fora!", disse o dono ao seu jardineiro. "Ela só esgota o solo." Mas o jardineiro se recusa: "Dê-lhe mais uma chance", ele sugere. "Eu a regarei durante mais um ano e vou adubá-la bem, talvez ainda aconteça algo com ela..."

Assim é Deus. Como esse jardineiro. Ele não perde a paciência conosco. Ele é compassivo e bondoso. E por isso não nos castiga. De fato, a palavra "castigo" não aparece nenhuma vez no texto original do Novo Testamento. Não, Deus ainda não castiga. Conheceremos sua justiça apenas depois da nossa morte. Mas por que somos atingidos pelo sofrimento e pelos problemas, então? Certa vez encontrei um homem que havia perdido ambas as pernas num acidente. Ele me disse: "Desde então sou uma pessoa feliz. Agora consigo separar o essencial do que não é importante". E ele sorria ao dizer isso.

AMOR AO PRÓXIMO, UM REMÉDIO CONTRA A DEPRESSÃO

Sempre me alegro quando ouço falar de pessoas que têm um coração que se atém ao mandamento de Jesus de amar o próximo, quer sejam cristãs, quer não. Pessoas que simplesmente ajudam quando há falta de homens, e não se quer deixar ao governo aquecer este mundo e torná-lo mais humano. Amar ao próximo significa: manter os olhos abertos e observar, onde e como podemos ajudar as pessoas pobres.

Por exemplo, em muitas cidades alemãs voluntários recolhem tudo o que é aproveitável nos supermercados e padarias, e que em caso contrário seria jogado fora: bananas manchadas, peras maduras demais, verduras levemente murchas, pão amanhecido e coelhos de chocolate com narizes amassados. Material imprestável, como diria um freguês com a carteira recheada, que só serve para alimentar os porcos ou bom para a lixeira. Mas os negociantes o entregam com prazer, e os ajudantes voluntários o recebem porque eles sabem: ali está a antiga dona da loja de roupas da moda que abriu falência e agora está sentada sobre uma montanha de contas. Ali está o arquiteto que mora na rua desde a morte da esposa e afoga seu desespero na bebida. E ali está o imigrante ilegal do Casaquistão, que gasta a metade do seu dinheiro só com o aluguel. Essas pessoas, com quem ninguém do governo se preocupa, essas pessoas são seus "clientes". Eles podem comprar com os voluntários sem gastar nada. Eles não precisam mais mendigar ou passar fome.

Mais de 20 mil ajudantes com cargo honorífico se engajam na Alemanha por esses pobres. Eu acho isso maravilhoso. Também porque muitos dos ajudantes encontraram um belo sentido para sua vida. Pois quem ajuda também fica pessoalmente mais rico. Mais rico de amor, mais rico de felicidade. Dessa maneira todos os implicados têm um motivo para a gratidão – os primeiros porque eles agora vivem melhor do que antes e principalmente porque sabem: há pessoas que pensam em mim e se interessam por pobres-diabos como eu. E os outros, porque encontraram uma possibilidade de doar alegria. Pode acreditar em mim, essa gratidão é a melhor proteção contra as depressões.

O amor ao próximo faz todos mais felizes. E por isso Jesus também ficou mais feliz. Não por se tratar de algum mandamento moral que pesa sobre alguns e sobrecarrega os outros. Mas por se tratar de um dar e receber feliz para uns e outros. Permita que eu o convide hoje para participar desse amor.

UM MUNDO SEM SOFRIMENTO
E DOR NÃO É HABITÁVEL

Será Deus injusto? Ou não? Sobretudo, terá Ele perdido a nossa confiança? Onde estava Deus a cada queda de avião, a cada assassinato em massa, em cada acidente cotidiano em que uma pessoa foi arrancada da vida? Por que Ele não ouve todos os nossos pedidos? Isso me perguntou uma leitora em sua carta. E confesso, não tenho respostas prontas para dar.

Trata-se de uma das mais antigas e torturantes perguntas da humanidade. O amor de Deus e a necessidade de uma pessoa que é atingida por um golpe do destino – como suportar isso? Deus não teria de intervir prontamente? Ou ao menos impedir o pior? Mas talvez fosse possível até mesmo suportar o pior se soubéssemos por que aconteceu. Qual o sentido do fato. "Quando estiver diante de Deus depois da minha morte", disse uma mãe desesperada, que havia perdido dois filhos em um acidente de trem, "então vou questioná-lo e exigir Dele uma explicação." Portanto, por quê? Por que Deus permite o sofrimento?

Vou tentar dar uma resposta. Acredito que um mundo sem sofrimento, sem dor, sem necessidade seria inabitável. Nada a suportar. Por quê? Porque seria um mundo sem compaixão e misericórdia. Um mundo povoado por egoístas impiedosos e tipos vitoriosos brutais. Pois nesse mundo a compaixão, a consideração e a amabilidade seriam supérfluas. Só aprendemos que dependemos uns dos outros porque vivemos diariamente a nossa vulnerabilidade. O que nos torna pessoas compassivas é o sofrimento que podemos aliviar. É o sofrimento pelo qual temos de passar na nossa própria vida. Por mais paradoxal que soe: somente através do encontro com o sofrimento podemos desenvolver as maravilhosas características que nos tornam e ao nosso mundo mais humanos.

O que Jesus disse sobre isso? Nada. Ele agiu. Ele assumiu todo o seu sofrimento silenciosamente e tomou todo o sofrimento das outras pessoas assim como pôde. Seu lema básico era: "Vinde a mim, vós todos que estais oprimidos de trabalhos e sobrecarregados, e eu vos aliviarei". (Mateus 11,28) Os oprimidos e os sobrecarregados estariam em melhores condições se todos nós fizéssemos como Jesus.

EXISTIU ALGUÉM QUE MORREU POR AMOR À PAZ

Por que Jesus enfrentou a morte de olhos abertos? Ele também era um ser humano, que se assustava com o sofrimento e a morte. E ele deve ter sabido o que o esperava – com seus 36 anos ele já havia visto muitas pessoas morrerem na cruz. Apesar disso, Ele nada fez para salvar a pele. Por quê? Talvez porque tivesse percebido: palavras e milagres não bastam quando quero convencer as pessoas da minha mensagem. Elas só ficarão convencidas se eu der a minha vida por elas. Tenho de lhes mostrar até às últimas consequências que estou falando sério quando digo: assassinato e golpe mortal, ódio e violência só vão parar quando cada um amar seu semelhante da maneira como Deus ama as pessoas.

Quantos mal-entendidos ele não teria experimentado? Então Ele disse: "Bem-aventurados os que têm amor à paz" – e as pessoas acreditaram que ele era o maior lutador pela liberdade. Então ele convocou as pessoas a amarem seus inimigos – e até mesmo os seus amigos mais íntimos haviam esperado que ele os ajudasse a expulsar os romanos do país. Então ele curou doentes e até ressuscitou os mortos – e os políticos do seu povo o consideram um perigoso fomentador da inquietação. Como se ele tivesse dito de passagem aquilo sobre a ausência de violência e do amor ao próximo. O que ele devia fazer? Resignar-se e esconder-se em algum lugar, até o tumulto ser esquecido? Ou investir a própria vida pela verdade da sua mensagem?

Nós sabemos qual foi a decisão de Jesus. Todos contavam com que ele se insurgisse, quando foi preso. Todos contavam com que ele se defendesse ao ser julgado, a fim de salvar a sua vida. Naquela ocasião todos esperavam que ele traísse sua crença no amor ao próximo quando se tratasse da própria vida. Mas ele ensinou a todos algo melhor. Agora não era possível mais nenhum mal-entendido. Ele realmente havia levado a sério o que dissera sobre a falta de violência e o amor ao próximo. E com a sua morte Jesus sempre nos ensina até hoje que existe um modo melhor de agir. Toda cruz, todo crucifixo nos lembra: existiu alguém que morreu na cruz para que entendêssemos a mensagem do seu Pai no céu. As mensagens da vitória do amor à paz sobre a violência.

COMER NÃO SIGNIFICA ABARROTAR O ESTÔMAGO

Vamos falar sobre comida. Sobre as refeições. Aqui, entre nós, no mosteiro de Santo Anselmo, elas são servidas em longas mesas na sala de jantar, que comporta 120 pessoas, o que é necessário, pois entre nós vivem e estudam muitos jovens monges beneditinos de todo o mundo. Muitas refeições são servidas em silêncio; mas, na verdade, começamos cada refeição com uma oração. Ficamos em pé, cada um diante do seu lugar, e todos fazem a prece de agradecimento. Do mesmo modo, uma oração em conjunto também termina a nossa refeição. Depois cada um leva consigo sua louça.

Recentemente, tivemos jovens alemães como convidados, camaradas jovens simpáticos. Um deles logo chamou minha atenção desde o início. Ele se pendurou na mesa, mexia continuamente com os pés e tamborilava com os dedos como um pianista sobre o tampo da mesa, até a entrada ser servida. Inclinado para a frente ele a enfiou aos montes na boca. Os outros três causavam uma impressão um pouco melhor, mas comiam da mesma maneira negligente, como se comer fosse uma obrigação terrível. Quando nos levantamos para a oração de encerramento, um deles quis logo sair correndo. Naturalmente, nenhum deles ajudou na arrumação.

Fiquei com pena desses jovens. Perguntei-me se já haviam comido sentados à mesa junto com outras pessoas.

Ou se na casa deles valia a regra: a comida está na geladeira, e cada um pode comer quando quiser. Em todo caso, obviamente nunca haviam ouvido falar sobre a cultura da refeição, e que à mesa temos de levar os outros em consideração, em estilo e forma. Como é diferente, aqui na Itália, onde as refeições são um acontecimento em família, em que podemos ler nos rostos a gratidão por uma boa comida. E não só na Itália. Em todos os lugares do mundo comer significa mais do que abarrotar o estômago. Sempre se trata de uma convivência, uma confraternização.

Depois dessa experiência com os jovens eu me perguntei: não será mais apropriado ensinar às crianças o prazer da companhia na hora das refeições? E com o prazer também o respeito, o respeito pelas dádivas de Deus que lhes são servidas ali? Deem um bom exemplo. Permitam a si mesmos e à família uma refeição em família, ao menos aos domingos e feriados. Caso contrário, nos esqueceremos de que cada refeição é um motivo de alegria e gratidão.

A CONVERSA FRANCA É O MELHOR CAMINHO

Todos nós gostaríamos de viver em paz, mas... sim, lá está, por exemplo, o amigo que se esqueceu do aniversário de uma boa amiga de longa data. Bem, ele estava viajando, mas podia ao menos ter telefonado e dado os parabéns. Ele não fez isso. Só deu sinal de vida quando voltou da viagem. Mas enquanto isso a amiga havia guardado tanta raiva, que não queria vê-lo mais. Ela se sentiu relegada, desprezada e não conseguia superar o fato. O amigo não entendeu muito bem. Ele não havia tido nenhuma má intenção. Desde então eles não vivem mais em paz juntos. Desde então eles se afastam um do outro. O que fazer?

Ora, muito simples. O Pai-nosso que nós rezamos nos lembra que por meio do perdão temos de contribuir para a paz no mundo. "Perdoai-nos as nossas ofensas assim como nós perdoamos a quem nos tenha ofendido", se diz na oração. Portanto, deveríamos perdoar. Não deveríamos ficar ressentidos. Mas isso é mais fácil de dizer do que de cumprir. Aí precisam ser ditas palavras de esclarecimento antes. E quando os amigos finalmente estão sentados um diante o outro, é possível sentir a tensão no aposento. Ele ainda não entende o mundo. E ela ainda não consegue superar o acontecido. A expressão do rosto dela demonstra que está revivendo toda a raiva outra vez. "Só o modo de você olhar para mim", ela diz. "Esse sorriso arrogante." E então: "As outras sempre foram mais importantes para você do que eu. O que eu significo para você, afinal?" E por fim saiu: "Você é igualzinho ao meu pai. Ele também não se importava comigo". Aí o amigo entendeu. Com sua falta de memória ele havia aberto uma antiga ferida. Agora ele sabe o que fez, agora ele pode pedir desculpas honestamente. E ela pode perdoá-lo, porque compreende subitamente que reagiu de modo muito exagerado.

Perdoar a quem nos deve? Sim, está certo. Mas isso não significa fingir que não tenha acontecido nada. Um mero "não me fale mais disso" não basta. Não importa o quanto a ofensa doa, uma conversa franca é o melhor caminho. Senão, uma ferida aberta passa para a próxima. E com feridas abertas não podemos viver. Muito menos em paz com os outros.

OS FILHOS PRECISAM ANTES DE TUDO DE UMA MÃE E DE UM PAI

Nesses dias há um projeto político polêmico: o plano da ministra de aumentar claramente o número de berços. Isso e criar instituições em que se possam deixar os filhos depois de oito ou talvez mesmo de cinco meses depois do nascimento, para que as mães possam trabalhar outra vez o mais cedo possível. Preciso confessar que não me sinto muito bem com isso. E vou lhes dizer por quê.

Acredito que concordamos que as crianças precisam mais do que tudo da mãe. Principalmente nos primeiros anos de vida. Com a mãe – mais do que com o pai – os filhos aprendem o que é um lar, isto é, um local protegido em que podem sentir-se incondicionalmente amados. No contato com a mãe eles aprendem que confiança vale a pena, porque ela é recompensada com o amor e a bondade da mãe. Eles aprendem a se adaptar a um grupo determinado de pessoas, à própria família. Eles aprendem que sempre têm de pensar também nos outros, porque a sua própria felicidade depende da felicidade dos outros membros da família. Em poucas palavras, eles aprendem a confiar em uma coisa não muito fácil, não destituída de riscos como a vida. E mais tarde precisarão urgentemente dessa confiança.

Uma criança que é deixada em uma creche antes de completar o primeiro ano de vida não aprende tudo isso. Talvez seja bem cuidada. Mas será que, se for entretida apenas nos finais de semana e nas férias pelas pessoas mais importantes da sua vida ela desenvolverá a força de alma de que precisará mais tarde? Eu duvido. Por isso, acho que uma creche é apenas uma solução de emergência. E por isso eu acho que deveríamos pensar em outras soluções. Por que, por exemplo, não pagar diretamente às famílias a quantia que custa a instalação da creche? Interrogando as pessoas, descobri que muitas mulheres estariam dispostas a largar o mercado de trabalho por dois até três anos para dedicar-se integralmente ao filho. E se os patrões não pressionassem, se criassem a possibilidade de permitir que elas voltassem à empresa depois de ficarem ausentes durante esse tempo? Se você acha que a nossa sociedade deve ser mais amiga de mães e filhos, compartilhamos a mesma opinião. Mas isso só acontecerá quando a maior prioridade não for o trabalho e o ganho de dinheiro, mas sim, a vida.

ESTAMOS DESTINADOS A UMA FELICIDADE CELESTIAL

Pouco antes da sua morte em 2005, eu visitei Frère Roger Schütz em uma viagem que fiz pela Borgonha. Você se lembra dele, o fundador de Taizé, que, à sua maneira, mostrou a muitos jovens o caminho para Deus. Depois da missa, ele se sentou – devido à sua idade avançada – em um degrau da escadaria, encostado a uma coluna, e deu a bênção individual a alguns jovens. Depois disso aproximei-me dele. Ele ficou muito contente por ver o abade superior dos beneditinos, e nós conversamos sobre a magnitude da ressurreição. Ele vibrava ao falar. Um ano depois ele foi assassinado.

Precisei recordar aquela conversa, quando viajei por Munique de metrô e vi as pessoas ao meu redor, entre elas muitos jovens de calças jeans meio sujas e toucas de tricô. Será que eles ainda sabem o que significa ascensão?, perguntei a mim mesmo. Será que fazem ideia de que estão destinados a uma vida de felicidade infinita, e àquele céu, no qual Jesus Cristo também foi acolhido? Provavelmente, não. Naquele mesmo dia, o locutor na rádio confundiu a ascensão de Cristo com a assunção de Maria. E o homem jovem que desceu do seu carro na frente da estação de trem, ao olhar para o céu sem nuvens da Baviera, certamente não deve ter desperdiçado nenhum pensamento sobre qual esperança nos liga ao céu como cristãos.

Todas essas pessoas devem encontrar um sentido de vida na preocupação com sua família e com seu progresso profissional. Mas, eu acredito que todas elas poderiam começar algo com as mensagens desse dia. Assim como Jesus Cristo crucificado e ressuscitado foi acolhido no céu, assim também continuaremos vivos na realidade divina depois da nossa morte – de corpo e alma. Naturalmente essa é somente uma imagem, pois diante da realidade de Deus nos faltam palavras. Mas essa imagem representa a maravilhosa esperança de que tudo o que passamos na nossa vida, com Deus pode ser transformado em felicidade. Inimaginável? Na verdade, eu também não consigo imaginar isso. Mas confio na promessa que se liga a este feriado, e que fez Frère Roger Schütz exultar no nosso último encontro. E eu acredito que até a vida se torna mais rica e mais bela ainda com essa esperança.

O ESPÍRITO DE DEUS – UM ESPÍRITO DEMOCRÁTICO

Receio que Pentecostes esteja entre aquelas festas cristãs que se tornaram enigmáticas para nós. Outras festas são mais fáceis de compreender – o Natal, o nascimento de Jesus, ou a Páscoa, a sua ressurreição. Mas mesmo quando você se lembra da história do Pentecostes, é provável que você a ligue a uma enorme confusão; os apóstolos e adeptos de Jesus estão reunidos em algum lugar e, de repente, o vento brame como em uma tempestade, aparecem línguas de fogo e todos falam ao mesmo tempo. O que aconteceu?

"Vocês vão receber a força do Espírito Santo", Jesus havia prometido aos seus apóstolos. E essa força de fato chegou. Ela penetrou os apóstolos e os encheu de alegria. O bramido do vento e as línguas de fogo indicam que essa força os atacou com a violência de um acontecimento da natureza. No entanto, não era um acontecimento natural. Era o espírito do amor e da ausência do medo, o espírito de Deus que também animou Jesus. Portanto, o que festejamos em Pentecostes? Eu digo que Deus presenteia com seu espírito a todo aquele que acredita em Jesus. Em outras palavras: não precisamos ser nenhum santo, nenhum profeta e nenhum papa, para termos esse espírito do amor e do destemor. O espírito de Deus, visto dessa maneira, é um espírito muito democrático. Ele não faz diferença. Trata-se de um presente de Deus para todos.

E eu acredito que esse espírito não é tão misterioso assim. Os pais da igreja o definem com uma palavra muito bela. Eles o chamam de o consolador. Isto é: onde esse espírito atua, os desesperançados criam nova coragem de viver, e até os pessimistas mais ferrenhos podem imaginar um mundo melhor, mais repleto de amor. Eu sei que enquanto isso, muitas pessoas se orgulham de não precisar mais desse Deus com seu espírito do amor. Eles só veem nos cristãos pessoas fracas, que precisam fantasiar seu consolo a partir do céu, porque sem a ajuda de cima não conseguem controlar sua vida. Mas quando eu observo como as depressões e as doenças devidas ao medo se espalham ao redor, quando vejo quantas pessoas se sentem sobrecarregadas e buscam refúgio nas drogas, então eu penso: bem que podemos precisar da força do Espírito Santo. Pentecostes já é um motivo de alegria. Vamos entender essa festa mais ou menos assim: como um dia de esperança para todos.

POR QUE DESEJAR SER MELHOR QUE OS OUTROS?

Você não imagina que cartas e telefonemas estranhos eu recebo. Por exemplo, aquela mulher da Baviera me telefonou em Roma e disse que seu marido estava morrendo – se eu não poderia convencer o Santo Padre a lhe escrever rapidamente uma carta, antes de ele morrer? Outras pessoas me pedem para conseguir uma audiência com o Papa. Ou ao menos lhes conseguir um autógrafo. Ou – ainda mais maluco – arranjar uma entrada para o Museu do Vaticano, sem que precisem ficar na longa fila diante do caixa. Resumindo, todos querem chegar a algo com que até mesmo as pessoas proeminentes sonham, e eu devo ajudá-las nisso.

Quanto ao fato de eu não rir, só posso dizer: o Papa realmente tem mais a fazer do que atender a esses desejos estranhos – e, de resto, eu também. E deixando isso de lado: nós todos somos a favor da igualdade. Todos devem ter os mesmos direitos, todos devem ser tratados da mesma maneira, todos devem ter as mesmas oportunidades. Todos – exceto nós mesmos? Pode ser que muitos de nós peçam a igualdade em alta voz e, secretamente, sonham que são uma exceção. Que também desejam ter um tratamento preferencial. Saiba você, eu também tenho de ficar na fila diante do Museu do Vaticano. Eu acharia uma grande injustiça se não tivesse de ficar na fila só por ser o abade superior. E até gosto na fila, porque encontro oportunidades de conversas para as quais, em caso contrário, eu não teria tempo. Gosto de uma conversinha. Meu privilégio é no máximo poder viver em uma cidade maravilhosa com magníficos museus.

Jesus viveu uma situação semelhante com os seus apóstolos. Certo dia eles brigavam sobre quem seria o maior. E como Jesus reagiu? Ele sentou-se, chamou os doze e disse: "Se alguém quer ser o primeiro, seja o último de todos e o servidor de todos". Depois pegou uma criança e a colocou no meio deles. Ele a tomou nos braços e lhes disse: "Quem acolher uma destas crianças em meu nome, a mim acolhe. E quem me acolhe, não é só a mim que acolhe; acolhe também àquele que me enviou" (Marcos 9,33-37). A todos os que me escrevem ou telefonam eu gostaria de responder desta maneira: Por que querer ser melhor que os outros? Por que não ser irmãos entre irmãos, irmãs entre irmãs? Isso não é muito mais bonito, não é esse o nosso sonho?

A MELHOR DIETA É A ALEGRIA DE VIVER

E agora chegou a sua vez. A nossa Ministra da Saúde quer reduzir a dieta em 20 por cento. E então poderemos olhar uma pessoa gorda com o mesmo olhar de censura com o qual olhamos já hoje para os fumantes. Honestamente falando, eu temia algo assim. Nossos políticos querem ter uma população semiperfeita, sem fraquezas, sem vícios, saudável, feliz e esbelta. E como nós somos fracos demais para tomar conta de nós mesmos sozinhos, a política tem de ajudar. Em primeiro lugar, com folhetos em papel brilhante para esclarecimento, e depois talvez com medidas mais severas. Por exemplo: um imposto especial para pessoas gordas?

Lembrei-me de um dos nossos abades, um americano. Ele também pensava: temos de obrigar as pessoas a serem felizes? Ele dividia os seus monges em três grupos: os magros, os com excesso de peso e os muito gordos; e quem tinha muitos quilos, ficava com a opção: ou perder peso voluntariamente ou ir ao psiquiatra. No seu mosteiro o número de gordos não diminuiu. Mas, no mesmo ano, o abade se aposentou.

Mas não é tão simples assim. Foi exatamente no mosteiro que eu vivi isso. Um não come nada a não ser um prato de salada – e já aumentou outra vez de peso. E seu vizinho de mesa almoça um pão com muita manteiga – e continua magro. Acaso os gordos têm de comer ainda menos e andar por aí com a barriga roncando? Eles devem formular sua dieta conforme os outros e nesse ínterim estar sempre em dúvida se conseguirão manter o seu peso?

Comer mais saudavelmente, movimentar-se mais – naturalmente essa é a coisa mais sensata a fazer. Mas perder peso não deve transformar-se em tortura. E no que se refere às crianças gordas: por que elas se empanturram com barras de chocolate ou hambúrguer? Por certo não é para matar sua fome. Mas é para se sentirem como os garotos na propaganda e pertencerem ao grupo. E talvez também porque perderam uma coisa muito diferente: atenção, compreensão com suas preocupações menores e maiores. Elas querem que os pais dediquem algum tempo para elas. Assim, a comida torna-se muito facilmente um substituto para o amor. E contra isso também uma Ministra da Saúde é impotente. Ela não tem nada a ver com isso. Nós temos algo a ver com isso, você, eu e todos os que querem obter algo melhor da vida do que a sensação de estar saciado. Em todo caso, com muita alegria de viver, eu estou na margem melhor.

PODEMOS RESISTIR À TENTAÇÃO DO *DOPING*?

Então, os ciclistas profissionais da Telekom estavam dopados. Eles lançaram mão de truques proibidos. Quiseram obter resultados melhores do que os permitidos pelo seu corpo, e quiseram ganhar mais dinheiro do que lhes seria devido em caso contrário. Fraude? Vamos ser honestos: se lhe fossem oferecidos milhões, você não cairia em tentação e cumpriria as "pequenas exigências"? Trata-se de somas gigantescas em jogo – 15 milhões é o que custa à Telekom, por ano, a promoção dos seus ciclistas.

No que se refere ao jogo: você ainda se lembra da época em que esporte e jogo eram definidos com a mesma palavra? No programa de televisão *Sport, Spiel, Spannung* [Esporte, jogo, tensão] nos anos 60, por exemplo? Faz muito tempo. Quem hoje ainda pensaria em jogo, quando se fala de esporte? E agora, de repente estou interessado no caso desses ciclistas profissionais. Ficou claro para mim como muita coisa se tornou muito séria, não só o esporte, até mesmo o jogo e a própria vida. Quando olho para o rosto dos nossos jovens, fico pensando: a vida nunca foi tão séria. E talvez eles tenham razão. Se a vitória em uma corrida de ciclistas não fosse um acontecimento tão sério, por que arruinariam a saúde e a reputação e arruinariam a reputação de toda uma classe de esporte?

Sim, se as pessoas não levassem o sucesso tão a sério... se não quisessem determinar as crianças ao sucesso... Se todos nós não estivéssemos sob a pressão do sucesso... E se tudo não acabasse em concorrência, em concorrência de beleza, em concorrência por símbolos de status, em uma luta apostando na criança mais inteligente... Então sim, então poderíamos fazer algo simplesmente por prazer: por exemplo, uma corrida de bicicleta, simplesmente pelo divertimento. Impensável? Certo. Não se trata do prazer. Trata-se de receber muito dinheiro, e de uma compulsão desumana por obter sucesso. E por isso os nossos ciclistas profissionais fizeram um esforço inumano para resistir à tentação do doping. Quando levaram uma mulher que havia cometido adultério diante de Jesus ele fez calar os queixosos com uma única sentença: "Quem dentre vós estiver sem pecado, que atire a primeira pedra" (João 8,7). Receio que pelo mesmo motivo devemos pensar duas vezes antes de querer condenar os acusados de *doping*.

AS CRIANÇAS TÊM DE SEGUIR SEUS PRÓPRIOS CAMINHOS

Ela era uma mulher maravilhosa. Uma italiana simples, idosa, levemente encurvada e sempre vestida de preto. Tinha um filho que era jornalista na cidade grande vizinha e levava uma vida que ela não conseguia imaginar. Uma vida selvagem, era o que por certo pensava e, provavelmente, não se tratava de uma vida que agradasse a Deus. Apesar disso, ela se preocupava com ele. Ela não o censurava. Mas tampouco censurava a si mesma. Ela amava seu filho, e o deixava partir sem advertências, quando vinha de visita ao lar; em seguida ela rezava por ele e tinha certeza de que estava no poder de Deus levá-lo de volta ao caminho correto.

Ela era um exemplo de fé. É difícil encontrar pessoas como essas com frequência. Os pais sempre se desesperam com os filhos. Principalmente pessoas mais idosas me procuram e afirmam ter feito tudo, realmente tudo, para transformar os filhos em pessoas de bem e bons cristãos – e, apesar disso, eles não querem saber mais nada da igreja, nem mesmo batizam seus filhos, e depois de alguns anos se divorciam. E agora os pais idosos têm dores de consciência. Agora eles se perguntam o que fizeram de errado, e acham que devem responsabilizar-se pelos filhos diante de Deus. "O que devemos fazer?", eles me perguntam.

Sim, talvez vocês tenham pressionado seus filhos cedo demais; isso gera resistência. Mas agora já não importa. Seus filhos têm idade suficiente, eu disse a esses pais, para decidir por si mesmos. Vocês não são mais responsáveis por eles. Certamente, vocês podem perguntar aos filhos por que eles agem assim, mas, por favor, sem censuras na voz. Talvez aconteça um diálogo sincero. E se isso não acontecer? Então rezem pelos seus filhos. Contagiem-se pela confiança de Deus que aparece na Bíblia. Confiança, coragem de viver e a fé em um Deus que não desiste de nós. Rezem – e, de resto, façam como aquela velha mãe italiana: mantenham um ouvido aberto para suas alegrias e necessidades, compreendam que seus filhos seguem os próprios caminhos, e sejam corajosos, sabendo que Deus não deixará que se percam. Mais vocês não podem fazer pelos seus filhos. Não é possível fazer mais.

OS ÚLTIMOS TABUS – QUANDO UMA VIDA HUMANA SÓ VALE UM BILHETE DE ENTRADA

Você ouviu e a notícia chegou também até mim, em Roma. Três doentes graves deveriam lutar na televisão pelo rim de um doador, que poderia salvar-lhes a vida – a mais recente ideia da firma de produção, a televisão holandesa Endemol. O que eu acho disso? Um espetáculo como esse não só é de mau gosto, é indigno do ser humano. Isso resume tudo. Mas vamos olhar mais de perto toda a situação.

Endemol é uma firma que ganha o seu dinheiro quebrando tabus. Obviamente é possível fazer isso, ganhar seu dinheiro desse modo. O pessoal da Endemol já desmontou com sucesso a esfera privada com Big Brother; agora apresenta o medo da morte de pessoas gravemente doentes. O que virá a seguir? Talvez uma caçada humana. Naturalmente por um bom motivo. A Endemol poderia pôr uma cabeça a prêmio, e ela dividiria o seguro de vida com uma associação beneficente. Ou nós poderíamos... Mas deixe pra lá... À fantasia maldosa, na verdade, não são impostos limites.

E como devemos imaginar o espetáculo dos rins agora? O doente mais bonito ganha? Ou ganha aquele que, apesar do medo de morrer, diz os versos mais bonitos? Ou aquele que parece mais desesperado? O público pode participar, democraticamente deve votar escolhendo quem deve continuar vivendo. Sabe o que me ocorreu diante disso? A luta dos gladiadores na antiga Roma. O espetáculo da vida e da morte para as massas. Os gladiadores eram chamados de "consagrados à morte". De acordo com a Endemol, os consagrados à morte devem lutar uns com os outros na televisão. E então se determina: Polegar para cima, você recebe o rim! Polegar para baixo, o sonho acabou. Onde nós chegamos? Na antiga Roma? A uma época em que uma vida humana não vale mais do que um bilhete de entrada?

Eu posso imaginar que você acha a ideia desse espetáculo tão repugnante quanto eu. E àquelas pessoas que defendem opinião diferente, eu gostaria de lembrar no que se baseia a dignidade humana. Ela se baseia no fato de que como criaturas de Deus nós também somos a imagem e semelhança de Deus e, por isso, intocáveis. Ninguém deve dispor sobre a nossa vida, ninguém deve nos humilhar como uma atração de feira. E por isso não devemos silenciar quando a Endemol quer romper os últimos tabus.

SERÁ DEUS ALGO PARA PESSOAS FRACAS?

A fé em Deus será algo para pessoas fracas? Será ele somente uma piedosa ilusão para pessoas que se sentem sobrecarregadas, que afinal não são mais ativas na vida? Ouvimos isso com frequência. "Então você é uma pessoa fraca?", eu me pergunto nesses momentos. Uma pessoa que não tem suficiente tutano nos ossos para lidar com a vida corajosamente e sem a ajuda de cima?

As mesmas pessoas muitas vezes se orgulham de se arranjar muito bem. Para elas, a ausência de Deus é um sinal de força pessoal. Elas se vangloriam mesmo nas situações críticas, talvez uma doença grave, não ter enfraquecido e ter continuado a se apegar à sua falta de fé. E em caso nenhum querem render-se diante de Deus. Muitas vezes tenho de sorrir e penso: assim como antigamente se tratava de não vacilar na fé, para essas pessoas trata-se hoje de não vacilar na descrença. Bem, eu respeito pessoas que consideram cristãos como eu pessoas fracas. Mas eu acho que elas não têm razão.

Por que alguém que se sente forte não deve confiar em Deus apesar disso? A pessoa forte não se tornaria ainda mais forte com a confiança em Deus? Quer dizer, se a confiança em Deus fortalece os fracos, por que não daria ainda mais força às pessoas fortes? O que você pode argumentar contra isso? Ou então: os fortes serão sempre fortes? Eles nunca precisam de ajuda ou consolo? Será que somos tão fortes que dominamos todas as situações, que enfrentamos todos os golpes do destino? Por certo nenhum de nós é tão forte. Não somos todo-poderosos. Somos criaturas fracas, todos nós. E todos nós, de tempos em tempos, somos gratos por consolo e nova força. Por isso, esse argumento de que Deus é algo para pessoas fracas não tem sentido.

Talvez aconteça que aquelas pessoas que se sentem suficientemente fortes sem Deus não gostem de confessar sua necessidade e seu desamparo. À confissão de precisarem de Deus, está ligada a confissão da própria fraqueza e talvez essas pessoas prezem acima de tudo sua independência e imagem de vencedoras. Mas – na realidade não é um sinal de força confessar que precisamos dos outros? Enfim, não é mais corajoso confessar abertamente sua necessidade de consolo? E, nos nossos tempos, não vale muito mais confessar sua crença, do que rir da crença dos outros?

DESARMAR COM O PRÓPRIO EXEMPLO

Mesquitas cada vez maiores devem ser construídas na Alemanha. Em Munique, em Colônia, em Berlim os ânimos se acirram. Alguns são a favor; eles dizem: afinal, temos liberdade religiosa. Não devemos tratar o Islamismo como religião de segunda classe. Os outros são contra e dizem: o Islã ameaça a nossa liberdade, ele não conhece tolerância, ele é violento. Quem tem razão?

Ambos e nenhum, eu acho. Sim, está correto, ninguém deve ser excluído da nossa liberdade. Todos os que vêm à Alemanha devem sentir como viver em liberdade traz felicidade. Mas também está correto: o Islã é solo fértil para a violência brutal. O medo de que nos círculos fanáticos de islamitas se esteja fomentando algo é justificado, e nem todos os islamitas podem se dar bem com os nossos valores. Tudo certo – só que simples demais! Vamos examinar os fatos mais de perto. Você já viajou alguma vez pela Síria? Então você sabe que maometanos e cristãos convivem ali em paz e com direitos iguais. Sobretudo, nenhum problema. Ali a religião do Islã é tolerante. E qual é a situação entre nós, na nossa vizinhança? A mesma convivência amigável, em quase todas as partes. Cristãos e maometanos se dão bem em muitos lugares.

Na verdade, a coisa ainda tem um gancho. Pois as uniões de maometanos, que trabalham na construção das mesquitas, parece ser uma demonstração de poder. Só para dar um exemplo: há mesquitas na Europa que se chamam "mesquitas de conquista". Esse nome lembra a conquista islâmica impiedosa da África e da Europa há 1.300 anos. Esse não é um bom sinal. Como devemos reagir?

Se nós nos ativermos a Jesus, superamos o mal com o bem. Basta tirarmos a força das prédicas de ódio e das estratégias de conquista à medida que recebermos de braços abertos os maometanos entre nós como pessoas e como crentes. Vamos conquistá-los para as nossas ideias pelo nosso exemplo. Vivamos diante deles o que entendemos como tolerância. Não vamos cometer o erro de nos tornarmos também intolerantes por medo da intolerância dos outros. Não basta fazer exigências em alta voz. Seria belo se também o maometano fervoroso sentisse: somos todos irmãos, somos irmãs, nós rezamos para o mesmo Deus. Acredito que quem tem o sentimento de pertencer a nós, esse fechará os ouvidos para a mensagem do ódio. Pois o amor é mais forte do que o ódio.

QUANDO AS CRIANÇAS SÃO "DESLIGADAS" DIANTE DA TELEVISÃO

Recentemente abri o jornal e recebi um tremendo susto. Havia fotos de crianças que estavam assistindo televisão. Fotos horrorosas. Curvadas e como congeladas, essas crianças se sentavam diante da tela com o rosto vazio e sem expressão. Elas pareciam encantadas, mas ao mesmo tempo pareciam sem espírito e ausentes, como se tivessem se desligado da razão, todo o pequeno ser humano sem sentimento. Na Alemanha as crianças passam milhares de horas diante do televisor. Por certo, essas crianças assim "desligadas" deixam os adultos em paz e eu compreendo que os pais precisem de vez em quando de paz. Mas eu pergunto a mim mesmo, o que acontece na alma das crianças, enquanto isso? As imagens apresentadas dos rostos de crianças não permitem intuir boa coisa.

E então uma vivência muito diferente. Estou na fila de um aeroporto alemão a fim de fazer o *check-in* de uma viagem para Marrocos. Dessa vez não se trata da habitual fila de turistas e de homens de negócios, estou muito mais cercado de famílias marroquinas e há o barulho de meninos e meninas que quase não se pode deter por causa da sua vontade de se movimentar e da sua alegria de brincar. É um prazer real observá-las. A gritaria não me perturba, faz parte, e já imagino como vai ser no avião.

Onde elas aprenderam essa alegria de viver e essa espontaneidade?, eu me pergunto. Essas crianças não parecem ficar por horas a fio diante da tela da televisão. E esses pais não parecem ser daqueles que enviam os filhos para jardins da infância a fim de ficar livres para o trabalho. Apesar disso, cada família tem três ou quatro filhos. Por que esses pais marroquinos assumem essa responsabilidade? Por amor à vida, talvez? Ou pela felicidade de doar amor?

Crianças como essas marroquinas devem ter sido as que naquela ocasião algumas mães levaram a Jesus. Os apóstolos queriam afastá-las, mas Jesus disse: "Deixai as crianças em paz e não as impeçais de virem a mim, pois o reino dos céus é daqueles que lhe são semelhantes!" (Mateus 19,14). Perto de crianças como as marroquinas logo entendemos o que Jesus queria dizer. Mas e as crianças diante dos televisores nas fotos do jornal...?

VER OS SEMELHANTES COM OUTROS OLHOS

Você pensa que os monges não têm pressa? Os monges não precisam se apressar, e estão acostumados a um ritmo de vida regular, eles podem deixar a vida correr descontraídos, é isso o que você acha? Sim, é verdade, a vida no mosteiro não é tão apressada como a de fora dos muros do convento. Afinal, os monges deveriam ser pessoas pacientes, e como superior dos abades eu deveria ser um exemplo de paciência. Mas, infelizmente, nem sempre consigo fazer isso.

Por exemplo, hoje pela manhã, eu poderia ter tido uma explosão de raiva. Nada mais me segurava na cama, eu havia levantado cedo e tinha me sentado diante do computador na casa de hóspedes de uma abadia americana. Há dois dias eu não abria minha caixa de e-mails. Os beneditinos americanos com sua reunião geral não me haviam deixado nenhum minuto livre e eu estava com a correspondência atrasada.

Nessa hora estava magnificamente silencioso, às sete e meia da manhã. Comecei meu trabalho – e no momento seguinte me sobressaltei. Atrás de mim cadeiras eram arrastadas pelo chão de pedra e bancos eram afastados, chiando e arranhando o chão, um barulho horrível. Olhei em volta. Lá estava uma faxineira em ação e me dava nos nervos com seu arrastar de cadeiras. Como isso me aborreceu! – fiquei admirado comigo mesmo. Mas o barulho não terminava nunca, e eu tinha de me concentrar. Recostei-me na cadeira, observei o trabalho dessa faxineira e pensei: Como ela deve ter acordado cedo! Eu estava sentado ali porque na verdade não conseguira dormir mais; ela, no entanto, era obrigada a levantar-se cedo. Ela precisava ganhar dinheiro. E provavelmente ninguém valorizava o seu trabalho. De repente ela conquistou minha simpatia. Eu ri de mim mesmo, e voltei ao trabalho.

Colocar-se na posição do outro, na maioria das vezes ajuda. Muitas vezes, basta imaginar rapidamente em que posição o outro está e o aborrecimento pessoal desaparece. Eles não nos aborrecem por pura maldade. E então eu me lembrei de outra coisa: Jesus não tinha uma predileção especial pelas pessoas humildes como essa faxineira? Agora eu podia fazer as pazes com ela. E o barulho não me perturbava mais.

O CRISTIANISMO SEMPRE APRESENTA UMA NOVA SURPRESA

No momento estou outra vez em viagem – e passo por muitas surpresas. Por exemplo, na Ucrânia. Eu não havia imaginado que as coisas aqui acontecem de forma muito semelhante a Frankfurt ou Munique: a mesma moda com a barriga de fora, os mesmos jeans em forma de saco, e cada um caminhando com seu celular. Certamente, muitas coisas são mais simples do que entre nós, como as casas, os negócios. Mas as grandes avenidas de ligação que percorrem o grande e plano país, são verdadeiras rodovias.

No jubileu de 200 anos do ginásio das beneditinas em Viena, eu havia voado para a Ucrânia para fazer uma visita às beneditinas desse país. Ali há muitos mosteiros de monjas com uma grande multidão de irmãs. Elas trabalham nas paróquias, na previdência e no cuidado das cidades de peregrinação. Eu admiro essas mulheres. Na época do comunismo elas buscaram segurança na Polônia ou na Lituânia e depois da queda do comunismo elas voltaram para recomeçar. Não que tivessem passado melhor nos países hospedeiros, mas ao menos sobreviveram. Na Ucrânia não existe um mosteiro masculino. Talvez falte coragem aos homens. Muitas vezes acontece de as monjas se arranjarem melhor do que os homens em circunstâncias duras da vida – elas economizam melhor e, via de regra, têm mais resistência.

Tive mais uma surpresa: na cidade principal da Ucrânia, Kiev, havia um antigo mosteiro de caverna do século 11. As pessoas enterraram suas celas no penhasco a fim de passar o resto de suas vidas em total solidão e distância dos outros. Muitos turistas e peregrinos visitam esse local e ficam pensativos diante dos caixões de vidro nos quais as múmias dos monges descansam em seus ricos trajes. Esses testemunhos do passado cristão da Ucrânia representam uma herança valiosa, algo de que os ucranianos hoje têm orgulho. Posteriormente, as pessoas em fuga se refugiavam nessas cavernas em tempos de perseguição. E na Idade Média esse local de virtude era ao mesmo tempo o centro de uma vida cultural rica – exatamente como os nossos mosteiros na Europa ocidental. Eu sempre me alegro ao viver isso, pois me mostra como a fé influenciou fortemente a ciência e a arte. E o quanto a Europa tem de agradecer ao Cristianismo.

A "CASA DE BENTO" NO AFEGANISTÃO

Com certeza você sabe que soldados alemães, tanto homens quanto mulheres, prestam serviços no Afeganistão. Eles correm riscos, assim que saem dos seus acampamentos, e muitos deles mais frequentemente do que antes ficam pensando sobre a vida e a morte. Então ali, no acampamento dos alemães, há algumas semanas foi instalado um local ecumênico para missas. Por consideração à população maometana não quisemos chamá-lo de igreja. Agora ele se chama "Casa de Bento" segundo o nome do fundador da nossa ordem, São Bento.

Quem era esse Bento? Um grande homem de Deus. Digno de admiração, na minha opinião. Ele viveu no século 6 e é o pai dos monges ocidentais. Nossos irmãos e irmãs se orientam até hoje pelas regras que ele estabeleceu, porque nos 1.500 anos passados se comprovou: as pessoas mais diferentes podem conviver em paz, quando se atêm às suas regras. Sobre a entrada de muitos conventos beneditinos está escrito "Pax", que significa "paz". Deseja-se paz aos que entram, bem como àqueles que vivem nesse lugar.

Paz: os nossos soldados – homens e mulheres – devem encontrar paz na "Casa de Bento" em meio ao terreno da guerra. E eu posso pensar que as simples esperanças de paz da Bíblia subitamente ainda nos tocam mais profundamente quando voltamos de uma incursão perigosa.

Essas esperanças de paz ultrapassam tudo o que podemos prometer com ações de desarmamento ou medidas de antiterrorismo. Elas vão tão longe que os profetas ousam imaginar um mundo sem armas e sem medo. Um mundo em que as espadas são remodeladas em arados e as lanças se convertem em foices. Um mundo pelo qual passa um grande alívio, porque ele está livre de todo o mal, está livre da guerra. Um mundo em que todos podem usufruir tranquilamente as uvas do seu vinhedo e as frutas da sua figueira, porque não têm de temer as outras pessoas. Mas que grandiosas imagens de esperança para os homens que só se atrevem a sair em carros blindados do seu acampamento. Sem a fé em um Deus que pode estimular essa paz tudo é ilusão. Sem Deus não há esperança. E é essa paz de Deus que eu desejo às pessoas do Afeganistão, aos nossos soldados que estão lá e também a você.

TODA IGREJA OCULTA UM SEGREDO

As igrejas também não lhe parecem lá muito seguras? Você entende por que os jovens evitam pisar em uma igreja? Há cada vez mais deles. Uma mulher, na casa dos vinte e cinco anos, me disse: "Tenho a impressão de que só perturbo na igreja – justamente quando estão rezando a missa. Aí eu pareço uma turista que fica boquiaberta entre as pessoas em uma cerimônia exótica. Como uma penetra, que incomoda os outros com a sua curiosidade. Isso tudo é tão estranho para mim..." Não, ela não queria ver uma igreja por dentro. De certo modo, era desagradável para ela.

Pensei: Ela não deixa de ter razão com sua impressão. Ela sente que as igrejas realmente são lugares especiais e não se comparam com nada. Elas já diferem pelo lado de fora. Elas ultrapassam o cotidiano, não se enfileiram despercebidas entre bancos, hotéis e lojas; elas se representam – e há um grande segredo. Quando então entramos em uma igreja, sentimos esse segredo com maior clareza ainda. Subitamente, nos portamos de modo diferente e nos sentimos diferentes também, porque tudo à nossa volta é diferente do que é do lado de fora. Por exemplo, em uma igreja o tempo parece não representar nenhum papel. Aí nada precisa acontecer depressa. Ali, na verdade, não precisa acontecer nada. E, apesar disso, algo acontece. Exatamente conosco. O silêncio da igreja nos leva a calar. De uma só vez nos sentimos libertados da pressão de fazer rapidamente alguma coisa ou de ter de empreender algo. Nós sentimos: esse espaço age sobre nós, ele fala conosco. E nós não precisamos fazer mais nada a não ser ficarmos calmos e ouvir o silêncio. Talvez então nos sintamos menores do que lá fora no mundo dos bancos, hotéis e lojas; mas, ao mesmo tempo, sentimos que obtivemos um sentido maior. E é exatamente isso que é estranho em uma igreja. Aqui nós, humanos, não estamos no ponto central; a igreja é o local onde a grandeza de Deus é honrada e idolatrada. Mas essa grandeza se irradia de volta sobre sua Criação, os homens, e para isso nem sequer precisamos assistir a uma missa. Já basta esse aposento alto e silencioso, que nos enche de respeito, e ao mesmo tempo nos dá um novo sentimento da nossa dignidade como criaturas e filhos de Deus. Sim, eu entendo a jovem. Em uma igreja algo acontece conosco. Nós nos levamos mais a sério, porque nos sentimos levados a sério, embora não estejamos no ponto central. Talvez nisso esteja o segredo que pode intimidar ou deixar inseguras muitas pessoas. Mas eu não quero viver sem esse segredo.

BUDA OU JESUS – QUEM É MAIS CONVINCENTE?

Recentemente uma pesquisa demonstrou: na Alemanha o Budismo é mais apreciado do que o Cristianismo. Caramba, eu pensei: por que muitas pessoas entre nós se arranjam tão bem com o Budismo? Pois, para poder julgar uma religião, devemos conhecê-la razoavelmente. Ou será que já basta o vago sentimento de que o Budismo de alguma forma é mais pacífico do que o Cristianismo, para logo considerá-lo mais simpático?

Eu o conheço de certa forma, fiz experiências práticas com o Budismo. Quando ainda era abade do mosteiro de Santa Otília, na Baviera, fomos visitados por monges budistas do Japão. Eles conviveram conosco durante certo tempo. Posteriormente, fui ao Japão com alguns irmãos e compartilhamos a vida dos nossos amigos budistas. Muita coisa ali era conhecida: a disciplina, o silêncio e desde o início me senti em casa no mosteiro deles. Mas quando conversávamos, as grandes diferenças apareciam. E eu confesso: no final, o Cristianismo ainda é mais simpático para mim. Por quê?

Vou lhe contar o motivo principal: os budistas acreditam que viver é um castigo. Eles partem do princípio de que o mundo nada mais nos reserva senão sofrimento, e que por isso a vida é insuportável. A única esperança deles consiste em se fundir com o universo depois da morte, isto é, dissolver-se no nada. E para alcançar esse objetivo, o homem precisa já em vida recolher-se tanto quanto possível desta vida. De preferência ele deve perder todo o interesse pelo mundo, e principalmente por si mesmo. O Cristianismo é muito mais otimista. Para os cristãos é uma felicidade viver. É uma dádiva de Deus. Pois nós acreditamos que o mundo foi criado por Deus e é amado por Deus e que o indivíduo deste mundo pode modificar-se e melhorar com confiança em Deus. Por isso não desistimos do mundo. E por isso não buscamos a paz de alma no recolhimento desse mundo, mas no investimento na humanidade e no amor ao próximo. Afinal, não é por acaso que pessoas como Albert Schweitzer, Madre Teresa de Calcutá ou Martin Luther King foram cristãos convictos, crentes. Jesus foi seu exemplo. Portanto, certamente podemos aprender muito com os budistas. Mas, para mim, como exemplo, Jesus é muito mais valioso.

UMA ÚNICA PALAVRA DE PERDÃO

Muitas vezes me pergunto por que as pessoas sentem tanta dificuldade em perdoar – embora saibam que não há nada que o outro deseje tanto. Esse é, por exemplo, o caso da senhora idosa, que sofre terrivelmente porque a filha não quer mais saber dela. A filha não fala com ela há mais de trinta anos, e também não responde às suas cartas, simplesmente as queima. Uma única palavra de perdão – e a velha senhora poderia morrer em paz. Ela sabe que como mãe cometeu alguns erros no passado. Não por maldade, mas porque ela mesma se sentia insegura, realmente desamparada. Será que a filha nunca vai entender isso?

Eu poderia pensar que essa filha nem quer entender a mãe. Por quê? Por que certas pessoas se acham tão importantes e poderosas, quando se sentem ofendidas? A raiva as faz maiores, mais importantes; subitamente elas sentem que têm razão e acham isso maravilhoso e se sentem fortes como nunca. Talvez essa filha não perdoe a mãe por isso, porque quer ter razão, até o fim da vida dela. Em outras palavras: quem não perdoa, tem poder sobre o outro e gosta, sempre que possível, de deixá-lo espernear e sofrer. Por isso, essas pessoas preferem remexer em velhas feridas, abrindo-as outra vez, em vez de dizer a salvadora palavra de perdão.

Você também conhece isso? Então sabe o quanto esse poder que nos impede de perdoar custa caro. Ele é demoníaco, porque é destruidor. E ele não perturba somente a mãe que espera com cada vez maior desespero a palavra salvadora da filha – ele também perturba a filha, que alimenta a própria amargura e destrói a própria alma. Como sair do impasse? Eu tenho um conselho: nunca julgue moralmente a pessoa que o ofendeu. Não ache que ela tenha tido más intenções. Imagine que muitas pessoas cometem mais erros por desamparo ou medo do que por maldade. Pergunte a si mesmo se não existe um mal-entendido, se a intenção pode ter sido outra. E sempre pense nisso: quem não perdoa, tem poder sobre as outras pessoas. Mas quem perdoa tem poder sobre si mesmo. O perdão nos deixa livres para o amor que Jesus sentiu pelos seus algozes, quando pendurado na cruz disse: "Pai, perdoai-lhes, porque não sabem o que fazem" (Lucas 23,34).

MÚSICA DOS FONES DE OUVIDO OU TALVEZ SEJA MELHOR CANTAR NO CORAL?

Isso é de desesperar!, ouço isso sempre. Nossos jovens só vivem em seu mundo pop e da Internet, fazem tudo sem pensar e só dançam ao som das flautas das agências de propaganda e da indústria da música. Por certo muitas vezes isso é assim mesmo. Está cada vez mais difícil escapar do fascínio dos meios eletrônicos e apresentar resistência contra as mil seduções do mundo de consumo. Diariamente nossos filhos são sobrecarregados com exemplos sem valor – como eles podem aprender o que é realmente importante para sua vida? E será que depois dessa ininterrupta lavagem cerebral eles ainda querem aprender?

Sim, eles querem. Disso estou convencido. Porque os jovens anseiam por outra coisa que os comova real e profundamente no íntimo, que lhes abra os olhos para um mundo desconhecido por trás do seu mundo cotidiano. Eis uma pequena história sobre isso. Tomei parte de uma missa festiva em Munique. O coral cantou a missa de um compositor moderno. Formidável, pensei, mas com certeza não agradou a todas as pessoas. Então um ajudante da missa diante do primeiro banco chamou minha atenção. Ele teria no máximo dez anos e olhava como que enfeitiçado para o coral. Eram sons que ele nunca tinha ouvido, e a satisfação se irradiava do seu rosto. Um dia, por certo, ele vai desejar cantar em um desses corais, pensei.

É assim. Temos de sentir o que é importante. Não basta ouvir falar ou discutir o assunto. Em cada criança o interesse pelos verdadeiros valores está adormecido, mas esse interesse tem de ser despertado. Por isso as pessoas jovens precisam de oportunidades de descobrir o belo e o grandioso – então eles podem captar algo, outros tons além daqueles que vêm dos fones de ouvido. E assim acontece com todos os valores, também com aqueles que dão sentido e apoio à nossa vida. Por isso as crianças precisam assistir à missa e cantar e rezar juntas, senão nunca entenderão o que está ligado a essa crença. Por isso elas têm de viver valores como fidelidade, consideração e perdão no exemplo dos seus pais, senão nenhuma aula de ética ajuda. O pequeno ajudante de missa certamente nunca se esquecerá dessa missa solene. E disto eu estou certo: a música daquele dia será de grande valor para sua vida inteira.

TODOS PRECISAM DE UMA FAMÍLIA

Recentemente recebi a visita de um casal jovem da Alemanha. Eu logo percebi que eles não haviam vindo apenas para ver como eu vivo. E, de fato, eles me pediram uma audiência depois do jantar. Assim eu descobri que ambos, como amantes de novidades, passaram semanas maravilhosas em Roma há dez anos. A jovem mulher havia dado essa viagem de presente ao seu amado. O fato em si não era nada de extraordinário. Muitos casais chegam à cidade eterna para refrescar memórias – e às vezes também para reencontrar o amor perdido.

Mas estes não queriam falar comigo sobre o passado, mas sobre o futuro. Pois, embora se amassem muito, havia algo que os separava: enquanto ele desejava ardentemente ter filhos, ela tinha medo de formar uma família. Tinha medo de perder sua independência e de perder o lugar na profissão. E por certo também medo de ter de levar uma vida monótona como mãe e dona de casa.

Dei a essa mulher uma resposta totalmente pessoal. Eu lhe disse que gosto de crianças na minha vida. Que faz parte das minhas mais belas tarefas batizar uma criança. E que às vezes lamento não ter filhos. Pergunte a si mesma, eu lhe disse então, se os filhos só seriam um empecilho na sua vida? Se a presença deles, se a sua necessidade de proteção de fato só seria um encargo para você? O mais importante na sua vida é perseguir imperturbável os seus objetivos profissionais? Certamente, eu mesmo escolhi um outro caminho. Minha família é a comunidade dos irmãos de mosteiro. Mas qualquer família, eu acho, precisa de todos os seus membros. Cada um carrega uma profunda saudade pela família em si. E, em geral, os filhos fazem parte disso. Eles nos desviam de nós mesmos. Eles impedem que egoisticamente circulemos em torno da nossa própria pessoa e das próprias preocupações. Eles trazem um novo tipo de amor à nossa vida e, com isso, um novo tipo de felicidade. Sentimos formalmente que também Jesus se deixou contagiar por essa felicidade, quando disse: "Deixai vir a mim as crianças e não as impeçais porque o reino dos céus pertence a quem for semelhante a elas" (Lucas 18,16). Não sei se consegui persuadir a jovem mulher. Mas eu ficaria muito contente se os dois me visitassem em três, da próxima vez.

POR QUE OS ELOGIOS DAS CRIANÇAS NOS DEIXAM TÃO FELIZES?

Você com certeza sabe disso muito melhor do que eu: uma viagem com crianças não é o maior dos descansos para os pais. Justamente agora, na época de férias, oscilo entre a compaixão e a admiração, quando observo famílias, que com o último esforço alcançam o seu trem, o seu avião – todas as malas estão realmente aí? E para onde, pelo amor de Deus, o garoto já foi correndo? Então eu acho mais simples viajar como monge solitário.

Por exemplo, recentemente voei de Munique para Hamburgo. Nos assentos à minha frente uma mãe havia tomado lugar com duas crianças pequenas, um menino e uma menina. Pouco antes da partida começou um choro amedrontado, que se tornou cada vez mais alto. A mãe consolava, acalmava, se desculpava, mas o choro só ficava mais forte. Os adultos podem compensar a mudança de pressão dentro do avião, com movimentos de mastigação, mas para crianças dói terrivelmente. Então a menina voltou-se para mim e eu comecei a fazer espontaneamente momices com meus dedos. O choro silenciou. Vamos ver que ideia me ocorre, eu pensei. Os dedos podem ser uma borboleta? Ou uma girafa? Oh, sim. E agora a pequena ria. Ela esticou sua mão, nossos dedos se tocaram e logo surgiu o menino por entre os assentos. Continuamos a brincar em três, e ambos riram e riram – até Hamburgo. Finalmente, a mãe me agradeceu. E então veio o mais belo: eu disse à menina: "Você é um verdadeiro tesouro". E a pequena respondeu: "mas você também é". Os passageiros riram. E meu vizinho disse: "Você pode colar esse elogio no espelho".

Na verdade, fiquei feliz. Por quê? Talvez porque os cumprimentos das crianças sejam totalmente honestos. Espontâneos e sem segundas intenções. Aí sentimos que nesse momento somos amados incondicionalmente. Assim como só somos amados por Deus. E, de repente, compreendemos o que Jesus quis dizer ao falar: Se não vos tornardes de novo como os meninos, não podereis entrar no reino dos céus" (Mateus 18,3). Quando entramos em contato com os outros com franqueza e sem condições criamos um pedaço de céu. Por isso não deveríamos esperar até esses momentos nos serem presenteados. Comecemos nós mesmos a criá-los: com o primeiro que nos atravessar o caminho ou ocasionalmente estiver sentado na cadeira à nossa frente.

SER INSENSATO E LOUCO – BEM A GOSTO DO CORAÇÃO DE JESUS

Os cristãos têm de ser loucos. Suficientemente loucos para desistir de tudo e poder deixar tudo para trás a fim de imaginar uma outra vida e um mundo totalmente novo. Quem não for louco, só Jesus compreenderá. Pois Jesus não fez parte dos ajuizados, que sempre preveem as coisas que vão acontecer e por isso de preferência tiram o corpo fora. Com as pessoas destituídas de fantasia ele não conseguia fazer nada. E por isso nas suas parábolas ele colocou o mundo de cabeça para baixo? Imaginem, ele disse, que tudo poderia andar de modo diferente. Imaginem que um pai aceita de volta em casa seu filho imprudente, fracassado, há muito tempo julgado perdido, sem lhe fazer reclamações, sem lhe fazer a mais simples censura. Imaginem um rico hospedeiro que convida os sem-teto e os viciados em drogas, que se reúnem à noite na rua, para um banquete em sua mansão. Por que vocês não infringem todos os costumes? Por que não se deixam dominar por seu amor, sem questionar se as outras pessoas acham isso adequado? Vocês não têm ideias de felicidade, que ultrapassem o que nos é vendido como felicidade? Às vezes ouço falar desses malucos, que caberiam bem a Jesus. "Meu filho desistiu de tudo, e mudou-se para uma ilha no Mediterrâneo", uma mãe me contou recentemente. "Ele quer abrir um pequeno hotel ali e organizar passeios para os amantes da natureza. Começou a estudar o céu estrelado para conhecer o mundo dos pássaros da ilha. Ele é um engenheiro, mas diz que não pode aprender mais nada com a técnica. A natureza, ao contrário, é uma fonte inesgotável de surpresas e de enriquecimento para ele." Ela não parecia muito feliz com a decisão do filho: como é possível ser tão leviano e dispensar toda a segurança? Mas me ocorreu uma parábola de Jesus. "O reino de Deus", ele dizia ali, "é como um tesouro escondido em um campo. Um homem o encontrou. Então, escondeu-o novamente e, cheio de alegria, foi vender tudo o que tinha e comprou esse campo" (Mateus 13,44). Também esse rapaz é um louco. Também ele é um daqueles que arremessam ao vento os conselhos dos consultores financeiros e lança tudo em uma cartada. Um desajuizado, que está preparado para pagar qualquer preço por um mundo de amor destituído de violência. Um louco – bem a gosto de Jesus.

AS DORES DE MARIA – UM MOTIVO PARA FESTEJAR

Você pode me nomear uma organização que goste tanto de festejar como a Igreja? Observe o calendário litúrgico – uma porção de festas! Elas começam com a alegria antecipada pelo nascimento de Jesus no início de dezembro, e terminam com o Dia de Cristo Rei no final de novembro. Mas a Igreja não comemora somente festas de alegria. No ritmo do calendário cristão acontece a mesma coisa com o sofrimento, a morte, bem como o nascimento ou a vitória sobre a morte. Com as festas cristãs nós vivemos um sobe e desce dos sentimentos, tão dramático como a própria vida. Justamente trágico, mas o nome da festa já diz que no dia 15 de setembro Maria tem suas dores.

Um motivo para festejar? Ele se parece mais com um dia em que temos de afastar o mau humor. Mas o que ele traz? Eu acredito que nesse dia Maria se aproxima de todas as mulheres deste mundo. Pois nesse dia lembramo-nos das preocupações e medos que Maria deve ter sofrido como mãe de Jesus, e toda mulher que deu à luz pode se reconhecer em suas dores. Que mulher não compreenderia o medo de Maria pelo filho enquanto estava em fuga para o Egito? Que mulher não poderia sentir o susto de Maria, quando no caminho de volta de Jerusalém, ela subitamente percebeu que seu filho havia sumido? E que mulher não poderia sentir as torturas de Maria quando viu seu filho morrer? Graças a Deus, a maioria das mulheres é hoje poupada da morte de um filho; mas quem tem filhos, vive com constante preocupação e pode colocar-se no lugar do coração de Maria. Essa pessoa viverá não só pura preocupação e dor pungente, mas exatamente a força dessa mulher. Na verdade não há nada disso na Bíblia, mas facilmente podemos visualizar como as pessoas falaram e se incomodaram quando Maria chegou em casa com um filho ilegítimo. Mas ela não se deixou humilhar. E manteve sua fidelidade a Jesus até o fim, até mesmo suportou a visão dele pregado na cruz. O evangelista João escreve que ela ficou perto da cruz e não desmaiou. É necessária uma confiança inabalável em Deus para manifestar tanta força. A festa das Dores de Maria é um dia que nos coloca principalmente em contato com essa força e essa confiança em Deus. Um bom motivo para festejar, na minha opinião.

PODEMOS APRENDER COM A DEVOÇÃO DOS MAOMETANOS

Não existe somente um Islã de diligentes intolerantes. Também existe um Islã suave, respeitoso. Recentemente encontrei-me com alguns monges e freiras em um mosteiro trapista, em Marrocos. Os monges trapistas vivem ali incólumes há décadas. Melhor ainda: são amados pela população, e marroquinos instruídos buscam o diálogo e troca de ideias com eles. Para os maometanos marroquinos esses monges cristãos são parceiros de igual valor, porque estão tão arraigados em sua crença como seus vizinhos maometanos no Islã. Sim, o rei marroquino concedeu total liberdade a todos os cristãos do seu país. Eles podem adquirir bens, eles podem fundar uniões, eles podem exercer livremente suas atividades. Na Turquia, os cristãos só podem sonhar com tudo isso.

Para mim isso foi uma experiência importante e muito bela. Quando no final de minha visita um jovem matemático maometano me levou ao aeroporto, nós nos entretivemos no caminho a conversar sobre Deus e sobre o que Ele significava para a nossa vida. E quando ainda decidimos tomar um café no aeroporto, ele primeiro foi ao canto de oração e fez uma prece, de modo totalmente natural. Precisei pensar em antigamente. Nós não tínhamos o costume de rezar de manhã antes de nos levantar e de noite antes de nos deitar? Nós também não agradecíamos a Deus antes de toda refeição pelas suas dádivas? Eu me lembro que nos países católicos antigamente o sino tocava três vezes por dia chamando para o Angelus e que, quando criança, tínhamos de estar em casa à noite, quando o sino tocasse. A lembrança passou. Hoje somos esclarecidos e não precisamos mais de tudo isso. Porém, como crianças não fizemos a experiência de estar protegidos por Deus? Talvez possamos reaprender com nossos amigos maometanos que encontramos apoio em Deus. E essa experiência não é uma oração de agradecimento valiosa de tempos em tempos?

RECEITA DE FELICIDADE DAS PESSOAS NO TERCEIRO MUNDO

Nas minhas viagens sempre faço experiências surpreendentes. As pessoas nos países pobres, na Índia ou na África, parecem mais felizes do que nós. Elas têm o rosto radiante, alegram-se muito, elas gostam de rir. Entre nós, na Europa, sente-se pouco dessa alegria de viver. Quantos rostos sombrios encontramos aqui, e quanto eles têm a opor ao nosso modo de vida. De onde vem isso? As pessoas da Índia e da África vivem melhor do que nós?

Com certeza, não. Mas, o que é natural para nós, para eles é motivo de alegria. O pouco que trouxemos, para eles é uma dádiva preciosa. Por quanto tempo uma criança na África pode gozar sua felicidade? Com que gratidão também os adultos reagem a cada boa ação! E você, como vai? O seu coração pula de alegria quando entra no supermercado e vê as prateleiras repletas? Todo o seu rosto brilha de felicidade quando lê o cardápio num restaurante e mal consegue se decidir porque tudo parece tão sedutor? Provavelmente não. A abundância por si mesma não traz felicidade, isso é óbvio. Pelo menos, não enquanto a consideramos natural. Mas a gratidão nos torna felizes. O sentimento de receber um presente nos deixa contentes. Saber que devemos tudo às bênçãos de Deus nos deixa felizes. A gratidão é a melhor receita de felicidade. E somente quando entendermos as prateleiras repletas do supermercado e a geladeira cheia de alimentos como uma dádiva, a nossa abundância será um motivo de alegria.

Podemos aprender essa receita de felicidade com as pessoas do terceiro mundo. Mas, afinal, deveríamos saber que felicidade e gratidão andam juntas. Por isso festejamos a colheita com gratidão. E por isso, nós, beneditinos, rezamos uma oração de agradecimento antes de cada refeição. Essas orações em última análise são uma continuada e ininterrupta oração de agradecimento à colheita. Por estes dias, vá a uma igreja. Alegre-se com as coroas tecidas com grãos e flores, alegre-se com essas frutas e verduras, que com muita fantasia se tornam quadros de cores vivas. Lembre-se do grito de júbilo do salmista. "Agradecei ao Senhor, pois ele é amável e sua bondade vive para sempre." E inclua em sua gratidão todos os que sempre cuidam para que haja uma comida preciosa sobre a mesa: aos agricultores bem como ao cozinheiro no restaurante ou à própria mãe ou ao marido que cozinha. As pessoas com quem você se encontrar, talvez achem que você lhes passa uma impressão de felicidade.

OS MILAGRES TÊM DE SER PERCEBIDOS

Você já pediu um milagre a Deus? Ou desejou que Deus finalmente interviesse? Eu o compreenderia muito bem. Eu acredito que até mesmo as pessoas mais ajuizadas no fundo anseiam por um mundo em que ainda acontecem milagres. Mais da metade de todos os alemães já confessa abertamente que acredita em milagres. E eu também estou convencido de que existem milagres. A questão é: nós os percebemos?

Certamente, muitos milagres são tão espetaculares, que passam pela imprensa – a estátua de Maria que chora, por exemplo, ou a estátua de santo que sangra. Então as pessoas peregrinam em grupos até o local. Eu sou um pouco cético, mas por que não? Não se trata unicamente da sensação, o que move a vontade dessas pessoas, mas a esperança, que deve ser levada a sério, de que Deus se mostrou mais uma vez. No entanto, eu pergunto: Deus precisa escrever manchetes para percebermos sua presença? Eu acredito que ele se mostra continuamente! Talvez seja necessário que nós nos sintonizemos melhor com o "comprimento de ondas" de Deus para percebermos os seus milagres. Pois sempre que algo nos comove profundamente, quando abrimos o nosso coração para o amor incondicional, uma beleza comovente ou uma ideia salvadora, acontece um milagre. Porque em um desses momentos nós damos a Deus a oportunidade de mostrar a sua realidade na nossa vida. Trata-se daqueles momentos em que uma melodia, o olhar para uma linda paisagem ou uma simpatia inesperada nos domina – ficamos como que livres de tudo o que nos prende ao cotidiano, então ficamos literalmente perto de Deus. Se conseguirmos sintonizar interiormente em "recepção", esses milagres sempre tornam a nos acontecer.

Para muitos milagres, entretanto, temos de contribuir com nossa ação. E então sempre quando estamos no fim de uma briga odiosa ou desejamos resolver uma antiga inimizade, Deus com certeza não fará com que o outro simplesmente capitule – ele ama o vizinho que está nos perturbando tanto como ama a nós. Mas ele nos dará a coragem para pular sobre a nossa própria sombra. Ele nos tirará o medo de perder a dignidade quando oferecermos uma reconciliação ao outro. O resto depende de você. E quer saber de uma coisa? Talvez Deus esteja esperando há muito tempo que você faça esse milagre.

GOLPES DO DESTINO – DEUS, ONDE TU ESTAVAS?

Deixe que eu fale sobre um escândalo. Um verdadeiro escândalo. Deparei com ele em um anúncio funerário, que dizia:. "Onde estavas, querido Deus?". Onde estavas quando a minha mulher foi acometida de uma doença estranha e foi tratada de forma errada durante nove meses? Onde estavas quando ela foi arrancada da vida depois de ter se sacrificado tratando da mãe doente? Ela que sempre confiou em Ti, que nunca se queixou, e sempre tinha uma boa palavra para todos. Onde estavas quando ela morreu dois dias depois da morte da mãe?, pergunta o marido nesse anúncio funerário, "e por que me castigas de modo tão horrível com a sua morte? Por que ao menos não nos permitiste viver mais alguns anos juntos? Onde estavas, bom Deus?", – era a última sentença desse anúncio.

É de cortar o coração. Deus não ouviu nenhuma oração. Ele não deu aquilo que lhe pediam. Ele não abriu, quando esse homem bateu à sua porta. Para ele, nada além de dor. E à falecida, ele recusou a recompensa, a merecida felicidade. Bem, agora há um julgamento. Só que desta vez Deus não está sentado acima das pessoas para o julgamento, desta vez um homem desesperado está sentado acima de Deus para julgá-lo. Ele diz: Que Deus sem consciência, sem consideração, carente de afeto és Tu? Ele pergunta: Para que existes, afinal? Como podes compensar amor, dedicação e fé com destruição? Para esse escândalo existe alguma desculpa?

Nós choramos. Mas chorando talvez nos perguntemos: esse destino seria mais fácil de suportar se não houvesse um Deus? Nós seríamos realmente ajudados se desistíssemos da crença em Deus? Seríamos realmente ajudados se pudéssemos atribuir tudo ao acaso cego? Na última década da sua vida, o poeta Heinrich Heine sofreu tormentos indizíveis na cama de doente. Ele nunca acreditara em Deus. Mas quando não pôde mais falar com as pessoas sobre o seu mal, precisou de alguém aos pés de quem pudesse jogar toda a sua raiva, todo o seu desespero. Então ele falou com Deus, noite após noite. A quem podemos nos voltar quando a infelicidade ultrapassa todo o dizível? Eu também não sei. No máximo, para Deus.

LOUCURA DA JUVENTUDE – QUANDO OS IDOSOS NÃO TÊM MAIS NADA A DIZER

Eu estava na Itália, em uma pequena aldeia na montanha. No caminho para a paróquia em uma viela estreita passei por duas mulheres. Elas estavam sentadas em um banco rugoso, encostadas na parede da casa, e olhavam para o sol do fim da tarde. Assim que as alcancei, elas ficaram espertas. De onde eu vinha, quiseram saber, o que me levara à sua aldeia – e mais mil perguntas. Nós tagarelamos, contamos piadas. Então uma delas, com um sorriso maroto, me perguntou: "adivinhe quantos anos tem nossa Elisabetta?". Bem, difícil dizer. Ela poderia ter qualquer idade entre setenta e noventa anos. Balancei a cabeça e falei "algo acima de setenta e cinco". Ela acenou negando. "Ora", ela disse, "tenho noventa e dois." E a própria Elisabetta acrescentou com o indicador em riste: "Mais dois meses". Nós rimos. Eu demonstrei meu reconhecimento a Elisabetta e prometi aparecer de novo para o seu centenário.

Eu gosto dessas pessoas idosas, dignas de amor. Sentimos que estão de bem consigo mesmas. Elas doaram à vida o que estava ao seu alcance, o que estava dentro de suas forças. Certamente confundiram algumas coisas, sentiram muitos sofrimentos e experimentaram muitas decepções. Mas agora entregaram aos mais jovens a responsabilidade pela família, agora não se intrometem mais na vida deles e gozam as pequenas alegrias, o calor dos últimos raios de sol, a tagarelice inócua com uma vizinha. Sim, elas são espertas, tornaram-se despretensiosas – e talvez por causa disso irradiam muita alegria de viver.

    E provavelmente até se tornaram sábias. Quanto poderíamos aprender com pessoas idosas, se ao menos as ouvíssemos! Se confiássemos nelas, que sabem muito sobre a vida e que têm muito a dizer. Quase não existe nada mais triste do que a mania de juventude. Só devemos levar as pessoas idosas a sério quando participam de todo circo, quando se mostram o mais prestativas possível e engolem as experiências de uma longa vida? Não, nós não devemos fazer calar os idosos. Pelo menos eu quero ouvir sua voz, quero participar da sua alegria de viver, quero aproveitar da sua sabedoria. Você se lembra do quarto mandamento? "Honrai pai e mãe, para que vivas longo tempo sobre a terra." Mas por que desejaríamos uma vida longa, se na velhice nada mais tivermos a dizer?

NA METADE DA VIDA TENDEMOS A MELHORAR

Cada um que tem muitos anos nas costas sabe disso: subitamente não acreditamos mais que algo ainda vai ficar bem *em algum momento*. Quantas chances perdemos, tudo o que não deu certo! E a metade da vida já passou? Esses pensamentos alarmantes nos ocorrem de vez em quando.

Recentemente, em uma viagem longa de trem comecei a falar com uma senhora que logo confiou em mim. Ela já não era jovem, não chamava a atenção por ter conhecimentos especiais ou uma bela aparência, mas chamava a atenção pela sua irradiação positiva. Ela me contou seus muitos insucessos.

Ela acabara de se separar do companheiro, que durante anos a tratara com desprezo. A separação fora horrível. Mas agora ela constatava surpresa: "De fato, sem ele posso gozar a minha vida". Profissionalmente, há pouco vira uma colega mais jovem receber o cargo que ela mesma gostaria muito de ocupar. Foi profundamente atingida, mas confessou com um leve sorriso: "Isso machucou principalmente minha vaidade, mas então acabamos aceitando a situação, não é verdade?" O que mais lhe deu em que pensar, no entanto, é que havia errado muito com relação aos filhos. Por exemplo, ao filho adulto havia sempre tentado dizer como ele devia conduzir sua vida, até ele se cansar de telefonar para a mãe. "No entanto, eu também achava isso horrível da parte da minha própria mãe", disse-me ela. Por isso havia se decidido a visitar o filho "para realmente lhe dar um abraço apertado. Ele simplesmente tem de saber o quanto gosto dele. Não quero adiar isso, pois na minha idade sabemos que não temos mais todo o tempo do mundo à nossa frente...".

Minha companheira de viagem desceu antes que eu pudesse lhe dizer o quanto admirava sua atitude. Muita coisa dera errado para ela, mas em cada situação ela havia aprendido a conhecer uma parte forte de si mesma: poder ficar sozinha, dominar a própria vaidade, amar sem estabelecer condições, coisas que só se tornam possíveis com as crescentes experiências de vida. Se nos esforçarmos, apesar de inúmeros fracassos, podemos fazer um balanço positivo da vida na meia-idade. Você não tem coragem? Não tem de fazer isso sozinho. Deus já conhece as suas forças há tempos e o ajudará a descobri-las.

RESPEITO PELAS CRIANÇAS

Outra vez no avião. Às vezes pergunto a Deus por que tenho de estar tantas vezes em viagem por incumbência Dele. Mas também vivo muitas coisas fazendo isso. De que outra maneira temos contato tão estreito com nosso semelhante como em um avião? Depois da partida eu pretendia justamente aprofundar-me no meu trabalho, quando se espalhou um barulho de crianças. O pai que as acompanhava sentiu-se constrangido. Você conhece a situação, naturalmente advertimos a prole para não incomodar os adultos. Mas será que temos o direito de considerar nossos assuntos mais importantes do que os das crianças? Elas dependem de nós, será que não temos de atender as necessidades delas tanto quanto as nossas – no avião, na rua, no cotidiano? E temos realmente de nos esforçar para que as crianças se tornem como nós, os adultos? Surpreendentemente, Jesus exigiu exatamente o contrário. Com certeza ele se referia aos passageiros do avião. Cada um faz uma cara preocupada – lá fora, no entanto, espalha-se a criação de Deus, terra e nuvens de uma perspectiva estupenda –, onde fica o nosso prazer? Por que ninguém canta uma canção? E falamos honestamente uns com os outros, ou queremos principalmente nos "mostrar" diante no nosso parceiro de conversação? Franqueza? Espontaneidade? Jesus diria: "se não vos tornardes de novo como os meninos... (Mateus 18,3), portanto não disfarcem! Falem com os outros sem reservas. Não se preocupem, mas alegrem-se! Só assim alcançarão o reino dos céus".

Muitas vezes vemos as crianças como adultos incompletos, mas Jesus as levou a sério. Para ele, elas são pessoas com seu valor próprio muito especial. Nesse voo Jesus tinha um aliado inesperado: o comandante do voo. Ao aterrissar ele se despediu com as seguintes palavras: "Minhas senhoras e meus senhores, queridas crianças! Nós acabamos de aterrissar bem. E, em inglês: *Ladies and gentlemen, dear children...*" As pessoas sorriram, e eu lhe agradeci ao sair do avião. Pelo seu respeito pelas crianças, sua compreensão e sua simpatia.

NÃO IR BEM NA ESCOLA NÃO É TÃO RUIM, AFINAL

Pela manhã os ônibus estão novamente cheios do alegre ruído dos estudantes. É verdade que às vezes o barulho é demasiado alto, eles empurram e lutam – mas, às vezes, nós, adultos, também desejamos reagir quando estamos animados. Contar experiências das férias, ter outra vez uma porção de companheiros de brincadeiras, essa é a felicidade das primeiras semanas de aula.

À medida que o ano letivo prossegue muita dessa alegria se perde, as crianças ficam mais quietas ou o tom se torna mais agressivo. Sentimos isso também na família. Será a pressão do desempenho na escola o que modifica tanto as crianças? A necessidade de sair-se bem na sala de aula? Por outro lado, as crianças precisam aprender isso: os pais alegram-se com boas notas, mas podem ficar muito azedos com as notas ruins. Eles exigem esforço e disciplina todos os dias ao fazer os deveres de casa. E exercem pressão também. Seu filho tem de ser bem-sucedido. Acaso isso é normal? Sim, naturalmente! Mas eu acho que os pais e avós devem ajudar os filhos e netos justamente quando eles não vão tão bem na escola! Afinal, você é o primeiro a perceber quando o "seu" aluno fica cada vez mais pálido e amedrontado, ou cada vez mais amuado! Muitas vezes, então, do medo das notas ruins surge o medo de que ninguém mais o ame. Para uma criança isso é com certeza o pior. Para obter boas notas é necessário muita autoconfiança. Quando a pessoa não se sente amada, a autoconfiança desaparece, e não é possível ter um bom desempenho – na nossa vida profissional acontece o mesmo! Graças a Deus é possível terminar com esse círculo vicioso. Se você fechar os olhos por alguns momentos e respirar profundamente, você torna a descobrir: Deus lhe deu de presente um filho maravilhoso. Ele é digno de amor, não importa se no momento ele tem sucesso ou não! Ame seu devaneio e sua obstinação, sua capacidade de satisfação e sua súbita timidez, suas ideias engraçadas e o seu riso! Mostre-lhe a sua dedicação! Ouça com ele a sua música predileta ou conte piadas com ele! Olhe com ele as fotos dele quando bebê! E, principalmente: fale com ele sobre outras coisas sem ser da escola. Em algum momento, por certo ele irá bem outra vez na escola. Exatamente porque isso não é mais a única coisa importante.

POR QUE ALGUMAS PESSOAS TÊM DE SER TÃO DIFÍCEIS?

Deus sabe, aprendi a resolver problemas com muitas pessoas, sejam eles pequenos ou grandes problemas de relacionamento que dizem respeito a toda a nossa ordem. Nós nos sentamos juntos, e conversamos uns com os outros. Mas o que fazer, se em uma reunião desse tipo um dos participantes bloquear tudo? Não por causa do que ele diz, mas porque não diz nada e fica olhando de cara amarrada? Acho difícil lidar com isso.

Aconteceu o mesmo em uma reunião há alguns dias. Um dos participantes da conversa ficou durante todo o tempo ensimesmado e bravo. Em primeiro lugar procurei o erro em mim. Acaso eu o havia ofendido sem querer? Ou ele achava tudo o que dizíamos errado? Tentei incluí-lo na discussão, mas isso não deu certo. Agora também os outros se sentiam inseguros. A discussão parou, uma atmosfera gelada se espalhou.

Bem, eu me acostumei, em situações perdidas, a pensar como Deus veria a situação. O homem de cara enregelada é uma criatura de Deus como eu. Deus nos ama a ambos – embora, honestamente dizendo, isso seja difícil de entender nesse momento. Mas eu tento. No intervalo seguinte da reunião enviei uma oração rápida para o céu e resolvi corajosamente falar com o "mudo". Naturalmente não perguntei por que estava tão bravo, mas pedi a opinião dele sobre um problema prático. E veja você. Ele foi amável, e continuou a pensar comigo. Ele até mesmo sorriu uma vez. Obviamente ele não tinha nada contra essa reunião ou os seus participantes. Sua expressão facial distante nada tinha a ver comigo, mas apenas... com ele mesmo. Essa é simplesmente a aparência dele enquanto as pessoas não se aproximam dele. O que terá vivido? Em todo caso, havia se habituado a encarar o mundo com o rosto sombrio. É assim que ele passa pela vida.

Mas o que ajuda a dar-se bem com ele é a amabilidade e não deixar-se enganar. Depois do intervalo tudo se tornou mais fácil.

São Bento lembra ao abade para adaptar-se aos vários tipos de pessoas. Às vezes pergunto a Deus em que ele estava pensando quando criou um assim e outro de outro modo, uma pessoa de difícil convivência. Só descobri uma resposta: Deus quer que a minha paciência e amor aumentem. E, em última análise, não é a diversidade de caracteres muito mais bonita e enriquecedora do que se todos nós fôssemos como clones?

IGUALDADE DE OPORTUNIDADES – SÓ COM REGRAS SEVERAS

Que eu seria abade não foi prognosticado nos caminhos, como se diz com belas palavras, e você dará risada – o que mais me deu dificuldades na escola foi a disciplina latim. Os dois primeiros anos do ginásio foram fáceis. Mas então percebi com um susto que as coisas não fluíam mais. De repente, precisei estudar muito. Naturalmente, eu não tinha nenhuma vontade de fazer isso. Mas exatamente então minha mãe me ajudou. Ela não entendia nenhuma palavra de latim, a não ser o *"Dominum vobiscum"* [O Senhor esteja convosco] da igreja. No entanto, ela fazia questão de que antes de ir para a cama eu estudasse outra vez as minhas lições; e de manhã, antes de eu me levantar, ela se sentava na minha cama e perguntava as lições da véspera. Dessa maneira ela me conduzia amorosamente, mas de maneira firme. Às vezes se diz que as crianças de famílias com grau mais elevado de instrução têm os melhores pressupostos. Ora, minha mãe não tinha "instrução superior", mas ela sabia o que esperar da educação. Não fazemos nenhum bem aos nossos filhos quando não exigimos nada deles.

Hoje em dia exige-se a "igualdade de oportunidades" por toda a parte. Os nossos alunos ficaram em melhor situação. Então por que, com oportunidades iguais, há resultados tão diferentes no final do ano letivo? Deixa-se facilmente de ver que não se trata unicamente de o sistema escolar oferecer as mesmas oportunidades, mas também depende de cada estudante individual realmente usar essas oportunidades. E aqui, os pais, seja qual for a sua instrução, devem realizar uma parte importante da educação. Enquanto a escola é divertida, tudo vai bem, mas então vem a parte que significa trabalho árduo. Gostaríamos de poupar as crianças dele, mas não devemos fazer isso. Aprender tudo o que podemos, quando nos esforçamos bastante, é uma boa experiência! E então existe o sentimento de felicidade quando conseguimos!

Para mim, muito mais importante do que o latim foi o fato de eu aprender autodisciplina. Minha mãe exigia que os deveres de casa fossem feitos ordeiramente, antes de permitir que eu saísse para jogar futebol. Nesse caso ela podia ser muito severa. Apesar disso, eu sabia que a minha mãe me amava, pois ela nunca me xingava quando eu fazia algo errado; no máximo quando eu era preguiçoso para fazer o esforço necessário. Assim, com o tempo aprendi a aceitar as regras severas. E ainda hoje penso nelas quando preferiria tocar guitarra a ter de sentar-me à escrivaninha.

ESQUECER O PASSADO COM UMA RISADA

A irmã Elisabeth tem 93 anos, a única alemã em um convento coreano de freiras. Ela está sentada à mesa, na minha frente, uma mulher alegre, de olhos amorosos. Ela me conta piadas, mas também fala sobre o seu destino na Coreia. Ela trabalhou em uma estação da Coreia do Norte, durante a tomada do poder comunista. O padre, juntamente com todos os outros monges beneditinos, foi levado à prisão de Pjöngjang. Ela também teve de ir para o "buraco", como ela dizia. Suas roupas lhe foram tiradas pelos soldados. Durante o transporte ficou sentada no carro do exército durante dois dias, vestida somente com a combinação. Na verdade, não haviam tocado nela, mas já fora humilhante demais. Pelo menos, haviam lhe deixado o livro de orações, tanto que podia rezar na prisão solitária, e havia tido tempo suficiente para isso.

Ela sobreviveu aos campos de concentração que se seguiram – ficou presa durante quatro anos e meio – e abriu, com as outras irmãs que não morreram de fome e de doença, um novo convento na Coreia do Sul. Nas obras sociais ela cuidava dos pobres, e oferecia um espantoso retrato de coragem de viver. Eu lhe perguntei se perdoara os seus torturadores. Ela afastou a pergunta com um aceno: "Há muito tempo. Com isso livrei-me do meu rancor e posso olhar novamente para a frente e recomeçar. Enquanto isso, um ou outro também mostrou traços de humidade. E não fomos só nós que sofremos, mas muitos coreanos também. Nós vivemos para eles, e assim nos sentimos solidários com eles". Talvez por isso tenham podido sobreviver a tantos sofrimentos. É uma felicidade encontrar uma mulher como essa.

Por que ela conseguiu perdoar? Ela amava as pessoas, ela tinha compaixão por elas. "Elas não sabiam fazer diferente, e talvez fossem obrigadas a agir assim." "Pai, perdoai-lhes", disse Jesus na cruz, "eles não sabem o que fazem" – esse foi o seu exemplo. Os algozes não haviam pedido perdão e ainda assim ela os perdoara. Eu gostaria que nos casos de decepções e ferimentos, nós fôssemos capazes de um comportamento igual, por fé cristã. A irmã me disse que através disso é possível ter paz interior. Deixamos o passado para trás e estamos outra vez abertos para o novo. Podemos rir e contar piadas outra vez.

A VISÃO CRISTÃ DE UMA GRANDE FAMÍLIA HUMANA

Depois de uma estadia em Seul um irmão me convidou para um restaurante simples muito original. Aqui o prato de carne *bulgogi* tem um sabor especialmente bom. Ele é preparado em uma grelha de mesa com carvão, semelhante a uma boa pizza preparada em um fogão a lenha.

A jovem que nos servia tinha muito a fazer. Ela cuidava do fogo, colocava a carne na grelha, acrescentava cogumelos e colocava muitos acompanhamentos em pratinhos na mesa.

Ela tinha pressa de servir e ficava na fila de outras jovens prontas para servir, todas com o mesmo vestido preto e avental branco com bordados, com os pés um pouco virados para dentro. Elas todas assemelhavam-se muito, aos nossos olhos. De vez em quando elas riam entre si, também pareciam semelhantes no comportamento a ponto de nos confundir. Será que aqui conta a pessoa individual, esta ou aquela pessoa? Será que na educação se trata da individualidade e da independência? Mas principalmente: como essas pessoas se sentem? Elas se sentem como parte ou como grupo? Será que só são alguém quando ficam em pé, andam, riem e trabalham juntas?

De repente a outra cultura me pareceu uma parede intransponível. Contudo, eu estive muitas vezes e por muito tempo na Coreia. Será que da mesma maneira somos incompreensíveis para as outras pessoas? Mas então eu descobri uma janela nessa parede. Com seu riso, a jovem que nos serviu estabeleceu contato comigo e com o meu irmão. Ela se alegrava se achássemos a comida gostosa. Nós nos esforçamos por pegar com os pauzinhos a carne que ela mesma havia partido em pedaços, como é costume no país. E ela sorria com reconhecimento, quando as fatias de alho teimavam em escorregar dos mesmos. Ela se sentia honrada pelo fato de eu experimentar tudo, a verdura, a lula, a pimenta ardida. Nós lhe mostramos que nos sentíamos bem.

Mesmo que as outras culturas permaneçam fechadas para nós – a amabilidade e a franqueza derrubam os muros. O sorriso, a alegria do reconhecimento do outro e daquilo que é valioso para ele – tudo isso nos une. Nós, seres humanos, podemos viver juntos como irmãos. Uma grande família humana, essa é a visão cristã, e a multiplicidade de cores é mais bela do que uma monocultura. Eu gostaria que as pessoas pudessem reconhecer isso.

A FÉ NÃO É UM PRODUTO COMO UM ASPIRADOR DE PÓ

Você pode imaginar um pai que gosta de futebol, que domingo após domingo visita o clube de futebol, mas que diz ao seu filho: "Você fica em casa. Eu não quero contaminá-lo com a minha paixão. Não quero influenciar você. Mais tarde, quando você for suficientemente adulto, você pode decidir se quer ser fã de futebol ou não". Acho que nenhum pai diria essa bobagem. Não podemos nos decidir por algo que só conhecemos por ouvir dizer, do qual não participamos. Apenas quem assistiu ao futebol no estádio, que vibrou com o público e sofreu com ele, esse sabe o que significa o futebol. E esse pode se permitir tomar uma decisão.

Mas, quando se trata de religião, muitas pessoas pensam como esse pai. Elas dizem: "Não quero influenciar o meu filho. Eu não quero lhe prescrever o que deve pensar ou crer. E por isso não o batizei. Por isso também o mantenho longe da igreja. Mais tarde, quando ele tiver a idade certa, ele pode decidir livremente se quer acreditar em Deus ou não". Ninguém se decide por algo que não conhece. Uma criança como essa simplesmente não se interessará por Deus, pela fé e pela igreja – para ela tudo isso é desconhecido, talvez até mesmo desagradável. Não, não podemos nos decidir a favor ou contra a crença, assim como podemos nos decidir a favor ou contra a compra de um aspirador de pó. A crença não é um produto. A crença deve ser preservada na vida. E por isso temos de fazer nossa experiência pessoal com Deus. Por isso uma pessoa jovem precisa crescer dentro da fé. Ela precisa viver na comunidade, precisa tomar parte da missa e das festas da paróquia, precisa estar perto quando cantamos em comunidade, deve ser tocada profundamente na alma. A liberdade de uma pessoa jovem não é influenciada por isso – ao contrário, sempre terá tempo para decidir. Mas assim ela ao menos sabe o que significa a igreja e a crença. Se você de fato se interessa pela liberdade dos seus filhos, batize-os. Permita que eles descubram o segredo da fé. Com você, eles aprenderão o que acontece entre os cristãos.

CADA UM PODE VIVER UMA REVOLUÇÃO DE COPÉRNICO EM SUA VIDA

Existem experiências que nos modificam. Elas nem precisam ser espetaculares! Hoje quero lhe relatar uma delas.

Ela começou com uma visita a um doente de cama, um confrade do qual eu não gostava especialmente. Uma visita quase formal. Mas quando eu ia me retirar, ele me pediu para ficar mais dois minutos. Esses dois minutos se transformaram em uma hora. Sempre gaguejando, ele me contou o seu sofrimento.

Ele nunca foi considerado muito inteligente e por causa disso foi atormentado durante seu tempo de escola. Relutantemente ele me contou numerosas situações humilhantes, sobre ferimentos que continuavam doendo. No mosteiro também não recebeu muito reconhecimento, do qual precisava tanto. Eu mesmo o vira até hoje como um confrade bastante inacessível, que tornava difícil gostar dele. Mas agora tudo mudou para mim. Quanto mais ele me contava, tanto mais eu gostava dele. De repente não o vi mais a partir das minhas palavras, mas a partir das dele.

Eu desejava muito ajudá-lo ao ouvi-lo, mas creio que quem foi mais ajudado fui eu, pois essa conversa significou uma ruptura na minha vida. Foi assim como uma revolução de Copérnico.

Desde então, sempre que encontro pessoas, eu imagino como elas estão se sentindo. Eu não tenho mais a necessidade constante de me justificar, como se tivesse sido atacado, mas me abro diante do meu interlocutor. Melhor dizendo: eu tento fazer isso. Muitas vezes é trabalhoso, mas sempre útil.

Por exemplo, assim tive uma conversa importante com uma autoridade na Coreia do Norte. De início meu interlocutor me parecia distante e ameaçador. Mas então eu percebi que havia por trás a preocupação de eu não levá-lo a sério. Eu pensei no que ele mesmo teria a suportar como representante desse país. No entanto, ele não foi criado por Deus e é amado como eu? Para minha própria surpresa comecei a gostar dele.

A experiência no hospital à cabeceira do meu confrade me capacitou a imaginar as preocupações das pessoas com quem tenho de conversar. E desde então eu percebi que também me sinto melhor quando tento fazer isso. "Ama o teu próximo como a ti mesmo", pode transformar-se em uma sentença vazia. Quando, no entanto, levamos a outra pessoa a sério, com sua história e seus problemas, o mundo parece outro, também para nós. Eu quero encorajá-lo: tente fazer isso. Deus irá ajudá-lo.

TEMPO DO ADVENTO – BRILHO DE LUZES PARA UM OUTRO SENTIDO DE VIDA

Nos anos da minha infância eu me alegrava com o tempo do advento já em novembro. Em meio à neblina do outono tardio havia outra vez a esperança do brilho festivo. Primeiro o aroma da coroa verde do advento com suas velas brilhantes. Como era belo então acender finalmente a primeira vela e a cada domingo mais uma! Assim, caminhávamos passo a passo para o Natal.

O calendário do advento também nos deixava sem fôlego! Todos os dias eu abria cheio de expectativa a próxima janela. Às vezes havia um bolo, às vezes uma bola para a árvore de Natal, outra vez uma maçã ou também um pequeno burro que logo encontrava seu caminho até o presépio. E quando o Natal se aproximava certo dia apareceu o primeiro anjo!

Em tudo isso se via a alegria por antecipação. O advento é a expectativa da chegada de Deus ao nosso mundo, em que há muitas trevas, morte e estagnação. Uma luz deve brilhar na escuridão, nova vida deve florescer! Deus se aproxima de nós, e nós vamos ao seu encontro. Advento é o período da esperança. Como isso se expressa encantadoramente nos antigos usos do advento.

No dia 24 de dezembro chegava para nós, as crianças, o ponto máximo do calendário do advento, a última janelinha era aberta e com isso a porta para a festa de Natal.

Na maioria das vezes a última janela nos mostrava o menino na manjedoura; muitos calendários revelavam uma maravilhosa estrela cadente de Natal.

O que os calendários do advento trazem para as crianças de hoje? Eu estava presente quando o filhinho de amigos abriu a última janela. E o que saiu? O Papai Noel! O Papai Noel trará luz e será o redentor? Certamente, ele tem um saco cheio de presentes. Mas presentes materiais dão sentido à nossa vida? Eles trazem consolo e nova vida?

Eu acho que o Natal devia ser uma festa em que deveríamos levar nossos filhos para além dos presentes. As crianças são receptivas para um tempo de preparação para o menino na manjedoura. Elas intuem na luz e no aroma da coroa do advento que existe uma vida em que a escuridão e o luto não têm mais lugar, em que há um brilho de luz infinito. Nós colocamos em seus corações o motivo para um horizonte mais amplo e uma esperança renovadora. Nós contribuímos para isso, para que eles certo dia também encontrem o sentido que ultrapassa os presentes e todos os Papais Noéis.

SEM NATAL – UMA PAZ CELESTIAL?

"Este ano o Natal está fora!" – uma ideia maluca. Mas o que aconteceria se de repente o Natal de fato não acontecesse? Você não sente no primeiro momento um certo alívio?

Nenhuma caçada aos presentes, nenhum bolo de Natal que não deu certo, nenhum embrulho no último minuto. Nas lojas a iluminação natalina seria apagada e a música de Natal cessaria. Que paz celestial! Nós pouparíamos muita energia e muito dinheiro. Papais Noéis de chocolate e delícias nobres seriam vendidos a preços reduzidos.

Afinal, por que não?

Porque existe algo que ultrapassa tudo isso, sobre o qual sabemos em nosso coração que nos faria falta porque pertence à festa do Natal. Algo pelo que nos encarregamos de todos os esforços e preocupações necessários antes da festa: festejarmos juntos, no círculo das pessoas amadas, o encontro com aqueles que negligenciamos na vida cotidiana. Falar uns com os outros. A mensagem "gosto de você" ou "vamos fazer as pazes" que podemos entregar com um presente. Não esquecer a doação para aqueles que sofrem e diante dos quais passamos olhando de esguelha com a consciência pesada.

Muito bom! Mas isso também não é tudo. Falta algo essencial. A festa do Natal nos presenteia com a lembrança de um Deus, que como a criança na manjedoura veio até nós para participar da nossa vida e das nossas necessidades. Que nos quer libertar e que presenteia a nossa vida com um futuro. Sem ele nós perderíamos o motivo da nossa esperança. Ficaríamos sozinhos na nossa dura existência.

Certamente, para alguns o Natal nada mais significa do que presentear alguém. Mas por que tantas pessoas vão à missa do galo? Você também não sente uma intuição e uma saudade do amor de um Deus humano em si mesmo, uma esperança que dá sentido à nossa vida?

Eu sei que as pessoas, mesmo em tempos de guerra, às vezes sob ruínas, festejam o Natal. Assim aconteceu em Kosovo, como li recentemente, mas assim também foi na minha infância durante a Segunda Guerra Mundial. Justamente quando faltam todos os adjetivos externos, surge algo com poder: a esperança de vida, que cresce a partir dessa festa.

Talvez a pergunta que eu por brincadeira fiz no início seja um motivo para você encontrar outra vez o sentido mais profundo da festa de Natal.

PERTURBAÇÕES E IDEIAS ESPONTÂNEAS DA VIDA

Podemos perturbar você? Como você reage quando as crianças entram correndo com surpresas? Ou chegam hóspedes sem avisar? Você queria justamente começar um trabalho, que então fica de escanteio. Ou você queria tirar uma soneca e precisa outra vez estar presente para os outros. Isso é aborrecido, não é?

Agora relato a minha experiência. Tivemos um grande encontro internacional no Chile: 170 diretores e diretoras de escolas beneditinas de vinte e três nações. Uma grande experiência para todos. Mas no final eu estava exausto. Precisava urgentemente de uma parada e fui com um livro para o saguão do hotel a fim de ler um pouco. Mas ali estava tudo, menos tranquilo. Muitos participantes estavam prontos para partir, mas tinham de esperar o ônibus. Eu fui saudado com alôs efusivos, e assim não me restou nada a fazer a não ser sentar-me a uma mesa. Sentei-me com as freiras da Tanzânia. E nos quinze minutos seguintes esqueci de todo o meu cansaço.

Elas ficaram muito contentes com o fato de eu sentar-me com elas em vez de sentar-me com meus conterrâneos e, satisfeitas, começaram a contar.

Uma das irmãs dirigia uma escola superior com 1.500 meninas. "Meus respeitos", eu disse, e ela mencionou como andava pelas aldeias pobres com grupos de alunas para viver ali com as pessoas e trabalhar nos campos. As alunas e as freiras comiam com os habitantes das aldeias, exatamente o que houvesse; e às vezes só havia mandioca e água. Elas ensinavam as mulheres a costurar e a fazer cestos. Ao contrário do que se imagina, é uma experiência enriquecedora para as alunas trabalhar no campo, pois elas obtêm uma nova compreensão da vida das pessoas mais pobres do seu país. Às vezes elas ainda tinham de constatar como é difícil ajudar aos mais pobres, organizar a vida de outro modo.

Eu estava totalmente encantado e gostaria de continuar ouvindo, mas o ônibus chegou e tivemos de nos despedir. Ainda deu tempo para dizer às irmãs como esse trabalho me impressionou. Mas não lhes revelei como estava cansado quando me sentei com elas e como estava grato por me terem arrebatado com seu impulso. Eu não tinha descansado, mas me sentia revigorado. Eu não tinha lido, mas me senti mais rico.

Ideias espontâneas da vida: Será que Deus não está por trás delas, às vezes? Deixemos que nos perturbem! Parecemos perder, mas na realidade, ganhamos.

BÊNÇÃO NO SAGUÃO DE UM HOTEL

Às vezes, de repente Deus nos envia algo da sua alegria. Talvez para nos lembrar que não temos um Deus mal-humorado que fica contando nossos pecados, mas que somos aceitos como seus filhos, assim como somos.

Quero lhe contar uma pequena experiência que vivi no Chile. No final da minha última estadia na América do Sul eu queria justamente pagar minha conta no hotel, quando a proprietária me pediu espontaneamente por uma bênção. "Padre, *una benediction, por favor*". Portanto, fiz o sinal da cruz com a mão direita e disse: "Deus abençoe vocês, todos os presentes, todo o hotel". E a proprietária se benzeu, alegre e satisfeita. Na verdade, não estávamos sós no saguão do hotel, mas um pequeno grupo de norte-americanos se aproximava da recepção, para se registrar. E, à minha direita, vi o seu guia, um senhor gordo e pequeno, que dava a impressão de ser um gozador, que gostaria de ter uma certa aptidão para a "negociação". Uma pessoa que não despreza as custas, segundo se diz. Espontaneamente o incluí na bênção, à medida que acrescentei com um sorriso: "...e Deus abençoe os pecadores!" Ele agradeceu rindo, mas disse ironicamente: "Padre, nós todos somos pecadores, mas apesar disso fazemos um pouco de bem, e eu acredito que Deus vê isso e por isso nos elevará aos céus". Enquanto isso as outras pessoas no saguão estavam atentas à nossa conversa e ouviram quando respondi: "Está certo. Mas vamos principalmente ao céu porque Deus nos ama apesar dos nossos pecados. Jesus por isso se colocou especialmente do lado dos pecadores."

Todos riram e ficaram radiantes. Era uma manhã de domingo. Se teriam tempo para uma missa, eu não sei. Mas, sem esperar, ao menos tinham ouvido uma curta prédica de domingo, que presumivelmente não esqueceriam tão cedo!

Deus o abençoe também!

GRÁFICA PAYM
Tel. (011) 4392-3344
paym@terra.com.br